BANYISUO "WANZHENG" DE XUEXIAO
MINBAN GAOZHONG BANXUE SHIJIAN YU SIKAO

办一所"完整"的学校

——民办高中办学实践与思考

完善的学校，完整的教育

北京师范大学出版集团
BEIJING NORMAL UNIVERSITY PUBLISHING GROUP
安徽大学出版社

图书在版编目(CIP)数据

办一所"完整"的学校：民办高中办学实践与思考/郭祖彬著. —合肥：安徽大学出版社，2021.10

ISBN 978-7-5664-2293-4

Ⅰ. ①办… Ⅱ. ①郭… Ⅲ. ①高中—学校管理 Ⅳ. ①G637

中国版本图书馆 CIP 数据核字(2021)第 203429 号

办一所"完整"的学校

——民办高中办学实践与思考

郭祖彬 著

出版发行： 北京师范大学出版集团
安 徽 大 学 出 版 社
(安徽省合肥市肥西路 3 号 邮编 230039)
www.bnupg.com.cn
www.ahupress.com.cn

印　　刷： 合肥远东印务有限责任公司
经　　销： 全国新华书店
开　　本： 170 mm×240 mm
印　　张： 11.75
字　　数： 153 千字
版　　次： 2021 年 10 月第 1 版
印　　次： 2021 年 10 月第 1 次印刷
定　　价： 32.00 元

ISBN 978-7-5664-2293-4

策划编辑： 唐洪全　方　青
责任编辑： 方　青　姚　宁
责任校对： 唐洪全
装帧设计： 李伯骥　孟献辉
美术编辑： 李　军
责任印制： 陈　如

序

“办一所什么样的学校?”“怎样办好学校?”始终是每一位教育管理者关注的核心问题。学校形成特色化的品牌效应更是每个校长的梦想与追求。有人说:“学校是有气质的,而这个气质往往凝聚在校长身上;学校是有思想的,而这个思想往往呈现在教师的行动之中;学校是有精神的,而这个精神往往展现在学生的言谈举止里。”学校教育工作千头万绪,纷繁复杂。其实,要想办好一所学校,关键在学校管理者用什么样的理念和什么样模式来引领。同时,学校管理还要分工明确,责任到位,权利一致,才能让工作落到实处并取得实效。完善的学校管理制度建设,重在理念的践行、制度的执行和措施的落实,唯有如此,才能确保学校教育教学质量不断提高。

相对于以分数为主要导向的应试教育,完整的教育注重与人类的崇高精神对话,强调一个人的精神成长,主张以生活为中心,引导学生过有意义的生活,从而使学生受更有意义的教育。让学生拥有一个博爱而敏感的心灵,重塑他们的精神世界的蓝图。唯分数的应试教育是单向度的教育,是畸形的教育,是片面的教育,是漠视人的心灵成长的教育;而完整的教育是身、心、灵统一的教育。完整的教育认为,人应该是完整的,人的发展是多方面的,教育就是促进人的多方面健康发展,教育就是成全自己。

学校就是要打造一个让人潜移默化地受到熏陶、感染的“场”。要让生活在其中的每一个人不管是教师还是学生,不管是领导还是群众,到了学校这个“场”域中都变了样,这就是文化的力量,就是“场”的影响。完善的学校,完整的教育旗帜鲜明地提出"行动,才有收获;坚持,才有奇迹"的口号,把行动哲学和田野精神作为学校的重要追求。因此,完善的学校,完整的教育不但是梦想,更是实实在在的行动。这些"行动"体现于四个改变:改变学校的发展模式;改变教师的教育方式;改变学生的生存状态;改变教育科研的范式。就这些"改变"而言,完善的学校,完整的教育都是令人兴奋并值得期待的。

"循道而行,事半功倍;背道而驰,事倍功半。这个'道'就是规律,唯有遵循教育的规律,遵循民办高中的办学规律,遵循学生成长发展的规律,才能办成一所'完整的学校',才能让学生过上完整而幸福的教育生活!"

国家对民办教育实行"积极鼓励、大力支持、正确引导、依法管理"的方针。但在实践中,民办教育都面临着待遇不同、生源减少、竞争加剧、转型提质等诸多挑战。许多民办学校几乎是在夹缝中生存,对于民办学校而言,该如何在遵循法律规定的前提下满足社会越来越旺盛的差异化个性化教育需求?这是每一个民办教育举办者都要认真思考的重大问题。合肥皖智中学在郭祖彬校长的带领下遵循教育规律,依靠科学管理,坚持改革创新,于困境中求发展,走出一条科学化、特色化、本土化的办学之路,并取得了一些可圈可点的办学成果,现已成为江淮大地上民办教育的一枝花。郭校长是教育管理专业硕士毕业,有着深厚的理论素养,又特别勤于思考,善于总结,《办一所"完整"的学校——民办高中办学实践与思考》这本小书,就是他办学五年来的实践概括与思想凝练,该书内容简约但不简单,可谓语约义丰,情真意切,浓缩的都是精华,既有思想高度,又有实践深度,更有教育温度,值得所有民办学校借鉴。

值此新书付梓之际,应郭校长邀约,写下以上感言与大家共勉!是为序。

安徽师范大学教科院教授、博导

2021年初秋于芜湖江畔

前 言

学校怎么可能不完整呢？然而现实告诉我们，当下基础教育学校尤其是民办学校在实际管理与运营过程中存在着很多缺失和虚空，致使本应在逻辑上为“完整”的学校却在事实上为“不完整”的学校。我们把“办一所受人尊重的学校”作为办学愿景，基础和前提是办一所“完整”的学校，这必须在完善组织架构和薪资设计、提升德育实效和教研品质、推进文化引领和学习塑造等方面，切实推动、务实完善，从而形成完整的办学体系。

在本书第四章“体系的构建”中写到：“‘办一所受人尊重的学校’作为我们的办学愿景，应该具备三个指标，即政府放心、社会认可和家长满意，‘政府放心’是政治站位，在上级主管部门的领导下，全面贯彻党的教育方针；‘社会认可’是水平对标，对标区域内乃至更大范围的同类学校，办成优质的品牌学校；‘家长满意’的另一面是学生教育目标的达成，所以从这个角度来说，‘家长满意’就是办学的最高目标，是‘办人民满意的教育’的具体落实。”这是在“完整”基础上的“完善”乃至“完美”的至高追求。

本书分为五章，分别关于德育、教学、管理、文化和学习，之所以把文化和学习这两个属于共性的部分放在后面，是因为本书主要内容是对办学五年来的实践探索进行总结，侧重“务实”的回顾，而文化和学习属于“务虚”部分，与前面“务实”部分难以构成“指导”与“体现”的关系，毕竟办学只有五年，很多做法都是在实践中逐步摸索形成的，并在不断调整之中，是因事而成，而非先行设计的结果。

本书五章的标题均采用"A即B"模式，A是五个部分的主题，B是五个主题分别对应的核心指向，"德育即唤醒"表示德育目的的核心指向是对学生灵魂的"唤醒"；"教学即教研"表示教学过程的核心指向是"教研"，"教研"贯穿于教学全过程，无教研不教学；"管理即教育"表示管理功能的核心指向是"教育"，管理和教育的目标都是两种关系的恰当实现，管理要恰当实现管理者与被管理者二者关系，不能仅靠职位威权和制度制约，而需要用耐心引导和充分尊重等教育方式来施加影响以根本达成目标；"文化即作为"表示文化不是纯务虚的校园标语，而是学校整个行动体系的体现，离开真实的作为，张贴出来的"文化标语"是没有生命力的，因此，校园文化内涵的核心指向是"作为"；"学习即塑造"表示学习作用的核心指向是"塑造"，孤立的、非连续性的学习行为只能起到"改变"作用，整体的、长期的、有目的性的系统学习，会在根本上起到"塑造"的用，由"改变"到"塑造"是量变到质变的过程。五个章节有的内容虽然会互有交叉，但是各有侧重，力求形成一个"完整"的学校行动体系。

本书以"学校"为视角，突出表现团队共进、集体探索的行动历程。全书既不同于理论学者那样通过澄清概念、设定判准来构建严密的学术体系，又有别于一线教育研究者那样对某一个问题进行抽丝剥茧式的调查论证，而是通过对办学中的主要问题进行筛选、归类，以解决问题为导向，对不断解决问题的实践探索过程进行全面细致地阐述。问题多是本校的，解决思路和解决方案多是校本的，因此文字呈现"三多三少"的特点，即"三多"是多问题导向，多实践探索，多过程阐述；"三少"是少引用名家名言，少设定概念辨析，少进行严密论证。然而，由于思维局限、笔力不逮以及实践探索的粗浅，很多地方的逻辑关系有待进一步理清，不少问题的阐述意犹未尽，还需要长期坚持，反复实践、深入研究。

循道而行，事半功倍；背道而行，事倍功半。这个"道"就是规律，唯有遵循教育的规律，遵循民办高中的办学规律，才能办成一所"完整的学校"，才能让学生过上完整而幸福的生活，这也是我们团队的毕生追求。

CONTENTS

目录

第一章 德育即唤醒

本章分别从德育工作在学校工作中的位置、德育工作的实施主体、德育工作的活动形式等三个方面作了重点阐述，突出德育工作在落实立德树人根本任务中的重要作用。从部门工作隶属关系以及德育工作的深化的角度来说，把劳动教育和家校关系这两个主题放在这一章，劳动教育作为“五育”中的重要一“育”，其德育意义显而易见，发掘其德育作用正是德育部门的一项工作职能，而家校关系的和谐正是德育工作实效性的具体体现。

第一节　为德育正名

中学一般把负责学校德育工作的部门称作“政教处”，从字面上会理解为政治思想教育工作部门。其实，无论德育工作的实施主体还是德育工作的范围，改为“德育处”更为恰切。

从学校部门工作职责界定来看，德育处的工作人员以及负责德育处的管理人员是学校德育工作的牵头者，主要负责学校德育工作的规划、方案、计划的研制以及过程组织、流程优化和结果评价。

从学校德育工作的具体实施主体来看，德育工作不能仅限于德育处，这也是学校德育中常出现的问题，学校工作的指导思想可能不会出现偏差，但是在具体德育工作实践中往往容易聚集于德育处，而对真正的德育工作实施主体却有意无意地淡化，致使学校德育工作出现弱化甚至虚化。

学校开展德育工作，首先要明确教师是德育工作具体实施的第一主体，备课研课、课堂教学、批阅作业、平时沟通交流等各个环节都离不开德育因素，离开德育因素的工作，不能称之为教育工作。德育犹如一条线，把这些教育环节串起来，形成一个完整的教育过程。这里容易出现的一个问题是，学校往往把班主任作为德育工作的第一主体，而把非班主任教师淡化在德育工作之外，这种舍本逐末的做法必然导致学校德育工作长期处于一种低效状态。当然，班主任工作是德育工作的一个主要方面，在学校管理中起着不可替代的重要作用，有人主张去除班主任岗位，其本意并非不要班主任，而是主张回归教师作为德育工作的主体地位。其实，学校里的各岗人员都应该是德育工作的实施者，行政人员、生活老师、食堂等后勤人员每日与学生们打交道，他们的一言一行都体现着一所学校的精神面貌，对学生的人格发展有着潜移默化的影响，因此，这些人员的选聘、培训不可忽视。

德育的重要内容大致应该包括政治教育、思想教育、三观教育、理想教育、生命教育、公民教育，还包括生活态度、合作意识、行为习惯等方面的教育。政治教育的重要性不言而喻，是培养什么人、为谁培养人的大问题，为此我们提出“三为政教”，即“为党立人，为国育才，为百姓的孩子谋未来”，作为标语安装在学校显眼之处。学校还提出“五有六力七会”作为学校德育工作的主要内容，“五有”是有理想，有品格，有自信，有担当，有韧劲；“六力”是感知力，思辨力，选择力，学习力，审美力，创新力；“七会”是会读书，会交流，会合作，会规划，会自律，会劳动，会健体。“五有六力七会”分属三个层面，从理想信念层面，贯彻习近平总书记提出的“培养担当民族复兴大任的时代新人”的要求；从核心能力层面，落实《中国学生发展核心素养》，实现塑造“全面发展的人”；从基础生活层面，践行中小学生守则和日常行为规范，体现生命教育的根本宗旨。

正因为德育工作的实施主体多元以及德育内容丰富宽广，所以德育工作的落实就显得尤为重要。我们认为，德育工作的落实要在三个方面着力。

一是针对落实措施进行体系化设计。为避免学校德育工作出现大而空的泛化现象，体系化设计至少要处理好三组关系。第一组是思想性与操作性。政治教育、思想教育、理想教育、生命教育的开展，相对比较抽象，与学生实际生活有一定的距离，容易偏离学生的认知特点。我们提倡在开展这些活动前，与学生分享一些案例，通过具体案例让学生切实理解。例如，在开展纪念建党百年活动时，侧重选择在建党以来各个阶段的代表人物的典型事迹。第二组是实效性与针对性。没有针对性，必然低效性。德育工作如果不注重针对性，经常会出现虽然活动热热闹闹，但由于不能具体针对学生实际存在的问题，效果与活动初衷相距甚远。例如，在开展心理健康教育时，首先重点把心理问题相对比较突出的学生筛查出来，建立心理问题学生档案，然后把这些问题学生进行分类，针对不同类型学生采取不同方式进行教育引导，问题严重的要建议学生家长带该学生接受专业心理治疗。德育工作内容繁多，要针对不同年级的层次特征实行差异化策略。第三组是统一性与分散性。虽然教师是德育工作的第一主体，行政人员、生活老师和后勤人员都是德育工作的实施者，但是我们不能轻视德育处的统领作用。德育工作的战略规划、实施计划和全程评价，都离不开德育处的组织和统筹。当然，德育处代表学校在形成决策之前，应该充分听取各方面的意见和建议，深入调研，严密论证。在实施过程中也要根据实际情况及时纠偏、调整。

二是对德育工作进行科学评价。德育评价是教育评价中的难点。评价过程不好量化，评价结果不好直接对比。学校在办学实践中对教师的德育工作主要有三种评价方式。一是满意度测评，可采用选择题形式进行统计，这是可以量化的。二是学生给教师进行一句话评价，不定评价范围，可以是教学水平，可以是教学风格，可以是奉献程度，也可以是人格魅力，要求学生尽量客观公正。三是“最系列”评价，让学生评出“最幽默风趣的老师”“最关心学生成绩的老师”“最公平公正的老师""最有爱心的老师""语言最有文采的老师""最美老师"等等，从不同维度评价老师的德育状况，评价的目的是发现问题，鼓励老师不断完善德育工作方式，提升德育工作水平。同时，对其他各类德育工作实施者也进行不同形式的评价。最后，学校德育工作必须由德育处来统筹推进，组织实施，全程评价，所以，德育处的作用是显而易见的。

三是落实德育处的"政治地位"。我们经常说"德育为首"，如果不重视德育处的作用的话，"德育为首"就成了"德育为空"。德育处的管理干部和人员配置应该正常化。重点是分管德育工作的副校长、德育处主任、副主任的待遇与分管教学教研的副校长、教务处主任、副主任的待遇应该一致，德育处的行政人员数量配置和待遇都应该与教务处基本一致。公办学校同级别干部之间的待遇虽然理论上没有差别，但是事实上从两个方面还是可以看出差别：一是排名，在一些新闻报道中或是在会议安排座位时，政教处主任往往排在后面；二是提拔，教务处主任往往优先被提拔，政教处主任一般靠后，分管德育的副校长升职到校长的机会明显少于分管教学教研的副校长。民办学校往往通过经济杠杆体现岗位价值，经济待遇跟不上，岗位价值对应下降。行政工作上干部配置有一种说法叫"高配"，我们觉得这种说法不准确，既然这个岗位很重要，就谈不上"高配"，应该就是"正常化"配置。

五育并举，德育为首。德育重在学生的精神成长和灵魂唤醒，德育工作做好了并把德育工作放在学校工作的第一位，这所学校方能称得上是真正的学校。

第二节 班主任之责

教师是学校德育工作的主体，班主任又是德育工作主体中的主体。班主任不仅是教师群体中的主要成员，还是肩负着很多班级管理的责任，是学校德育工作的一线管理者，是学生与家长、学生与学校、学生与教师、家长与学校、家长与教师、班级教师与任课教师等诸多关系的沟通者与协调者，也是各种利益诉求的聚焦点和各类矛盾冲突的交汇点。因此，班主任责任之重基本成为中小学教师的共识。

班主任工作中还有以下三组关系需要“协调”。

一、爱心与方法

没有爱就没有真正的教育，这种理念已经深入人心。班主任工作要做好，必须取得学生的支持与配合，学生的支持与配合客观上要求班主任必须有爱心，要对学生好，这是“关系学”常识。然而，光有爱心是远远不够的，还要把爱心转化为行动。沟通交流、情绪管控、激发动力等方法都是必须掌握的基本方法，要形成方法体系，树立班主任工作方法论意识。这就要求班主任能很好掌握教育政策、教育法规以及教育学、心理学等知识。

二、业务与管理

班主任也是教师中的一员，但因班主任身份特殊责任重大，所以班主任应该是相对比较优秀的教师，其业务能力和水平是班主任人格魅力的基础。一个教学能力平平的班主任是很难让学生信服的。现在有民办学校聘请退伍军人或年青大学生担任专职班主任，这种做法不值得推广，撇开班主任工作的专业性要求，学生如果不把班主任作为一位老师来对待，那么班主任与学生的关系就不是师生关系，就不是教育关系，从而沦为单纯的管理关系，班主任的价值属性必然褪色。但是，光靠教学业务还不足以胜任班主任工作，班主任是学校的一线管理者，其工作是学校管理环节中的重要一环，所以，班主任必须学习管理学知识。教学与管理两方面共同提升，相互促进，是成就好班主任的必由之路。

三、成绩与成长

目前，高考主要依据学科成绩评价，如果不重视提升学生成绩，或者所带班级学生成绩不达标，这样的班主任是难以取得家长认可的。但是，如果学生只有成绩，把成绩作为唯一的追求，可能不利于学生的后续发展。班主任必须把学生的身心健康放在重要位置，把德体美劳四育与智育放在同等重要地位，德体美劳四育不是拉低智育而是促进智育，要改善学生的学习品质，为学生的终身发展打下基础，关注学生的终身发展，追求班级发展"绿色 GDP"。

基于班主任工作重要性，学校必须坚定不移地为班主任工作纾困解难，为班主任工作创造条件，为各方关系疏通解绑，为学生成长倾注力量。学校应在以下三个方面着力。

(一)注重班主任选聘

班主任思想品质必须作为首先考虑条件，思想品质主要体现在班主任是否真心为学生考虑，这从学生对教师的评价上清晰可见，还可以参考班级学科教师的评价。同时，教学业绩和基本管理能力也是重要考察指标。班主任选好了，这个班的精神风貌一定会逐步变好。

(二)为班主任的成长发展做好规划

班主任工作纷繁复杂千头万绪,必须提前进行规划,如编制《班主任工作指南》,明确班主任一日常规、一周常规、一月常规等工作规范。班主任要明确工作职责和具体工作内容;知道工作内容后,更关键的是知道如何开展工作,这也是学校对班主任进行培训的核心内容,尤其是创办不久的民办学校,年轻教师是班主任主体,更要加强班主任方法培训,要制定科学系统的培训方案并制定出一套相对稳定的培训办法。例如,以时间为序,改每周班主任例会为班主任教研会;以年级部为单位,每周推选一位班主任就主题班会方案进行主讲,其他班主任提出意见和建议,会后主讲班主任根据教研会的交流讨论情况形成 PPT,供同事借鉴,适时组织同年级班主任走进班会课堂,观摩班会现场的组织情况,把班会课堂作为每年班主任基本功比赛的重要一项内容。班会是班主任的主阵地,班会开好了,班主任工作就会事半功倍。例如,每月组织一次"班主任微论坛",要求德育处深入开展调研,形成微论坛系列主题,主要聚焦班主任日常工作中诸如如何与家长沟通、如何管理家长群、如何选聘班干部、如何处理男女学生交往过密、如何应对学生心理问题、如何指导学生生涯规划、如何指导学生如何形成良好的人际关系等方面的典型案例,每期论坛一个小时左右,安排一名班主任进行主题案例分享,让班主任在案例分享中获得启发,年轻班主任从案例情境中获得解决问题的思路和方法,加速班

班主任论坛合影

主任团体专业化成长；在此基础上，学校每年组织一次全体班主任外出考察并举行"年度班主任论坛"，邀请全国著名学校班主任进行主题报告，促进班主任加强理论提炼意识，加强理论学习能力，培养班主任理论素养。每年暑期开展校内培训，聘请专家为班主任进行培训，不遗余力地推动班主任们不断学习研究，形成班主任工作的知识体系和方法体系。

(三)研究探索班主任评价办法

评价是指挥棒，做好评价要关注评价的导向、指标、办法和结果这四个维度。高中的班主任评价导向既不能只关注学生成绩，也不能仅关注学生成长，而是既要高分数又要高素质，形成"双成双高"的双促进导向，引导班主任由控制型往指导型转变并在这个导向下，选择评价指标。学生成绩就是班主任成绩，这比较容易量化。评价关键是细化"高素质"的指标。可以把"德"与"体美劳"作为四个指标体系来设定细分指标。"德"主要由学生、教师、行政人员等来量化评价；"体"主要从跑操、体育课的考核结果以及学生体质检测结果获取；"美"主要从学生参加社团、文艺表演等方面评定；"劳"主要从劳动课、德育作业完成情况中考察；同时把安全作为单独指标进行汇总。评价方法是分别就德智体美劳五个方面确定分值权重，分阶段汇总考核分值，一般以月为单位，以得分结果作为月度绩效考核依据。班主任工作量、国家导向是按普通教师标准课时工作量的一半计算，如果依据这个导向的话，以语数外老师为例，这三个学科的老师当班主任就只需要带一个班的课，而待遇不低于带两个班课的老师。但实际上，学校一般都做不到。

学校会对班主任待遇综合考量。一方面，学校充实行政人员队伍，在早、中、晚三个时段，由行政人员“替代”班主任任务。比如早自习前和晚自习后并不是要求班主任每天都必须到场，而只要隔天到一次即可；下午比一般教师延迟一个小时打卡。这种做法在寄宿制民办学校中这是比较少见的。另一方面，提升切实班主任经济待遇。在基础待遇方面，确保班主任月基本工资高于多数同类学校，并体现班主任“班龄”工资，累计每多一年每月增加班龄工资；在浮动待遇方面，每月设置绩效工资单项，按评价考核结果给予绩效奖励；同时，积极探索班主任评级办法。根据班主任工作成果、班主任工作任职年限等指标，评出班主任初级、中级和高级“职称”，不同级别对应不同的经济待遇。不仅如此，学校在学期、学年度评优评先的工作中按比例向班主任群体倾斜，把班主任任职情况作为选拔管理干部的一项基本条件，多措并举鼓励教师积极担任班主任，继续担任班主任，持续稳定地发挥班主任作用。

第三节　创德育活动

德育活动是学校德育工作的主要载体。它不像教学工作那样有国家统一的教材，有相对明确的标准和流程。德育工作更多的是通过具体的活动设计来开展，国家关于德育工作的要求一般主要是一些宏观性的方针政策和指导思想，要把这些方针政策和指导思想落实到具体的德育工作中去，就需要对德育活动进行系统设计。学校在德育活动设计时，要求活动体现四个方面的因素。

一是思想因素。从立德树人这一教育根本任务出发，牢记“为党育人、为国育才”的教育使命，贯彻党的教育方针，挖掘传统文化精华，这是德育活动设计的指导思想，必须旗帜鲜明地予以体现。

二是素养因素。德育活动的目的是培养学生的综合素质和核心素养。综合素质是指一个人的知识水平、道德修养以及各种能力等方面的综合素养，人的综合素质的提高是社会发展的一般要求和趋势。核心素养是学生在接受相应学段的教育过程中，逐步形成的适应个人终生发展和社会发展需要的必备品格与关键能力。德育团队根据学校实际，研究提炼出“五有六力七会”来指导提升学生综合素质和核心素养，“五有”是有理想、有品格、有自信、有担当、有韧劲；“六力”是感知力、思辨力、选择力、学习力、审美力、创新力；“七会”是会读书、会交流、会合作、会规划、会自律、会劳动、会健体。

三是操作因素。德育活动涉及面广，种类繁多，在开展的过程中容易陷入松散低效的状态。学校要求每一项德育活动必须有明确的实施方案，实施方案要有可操作性和可评价性，可操作性须体现三方面关系的统一，即教育性和趣味性的统一，如果过于强调教育性而不在趣味性上设计，就会降低学生参与的积极性，没有学生的热情参与，德育活动就会失去意义，激发学生热情并保持热情，是德育活动要始终关注的重要方面；实践性和艺术性的统一，通过活动提升学生的综合实践能力，是德育工作实效性的一般途径。艺体类的活动设计需要审美基础，要以提升学生的审美能力为导向，在活动中让学生感受美、欣赏美、领略美，防止枯燥运动式训练代替一般性的艺体活动；发展性和现实性，学校德育实践中可能会出现为完成任务而开展活动的情况，这样的活动既没有与其他活动形成有机联系，又没有指向学生的未来发展。学校针对高中阶段面向未来升学的紧迫性的这种现实特点，在社团活动开展方向上要求多结合学生特长进行有针对性的生涯规划指导。

四是宣传因素。德育活动需要广泛参与，德育活动中丰富案例需要分享，德育活动中很多感人故事需要推广，德育活动中榜样人物需要表扬。因此，宣传是德育工作的基本方法，在如今这个自媒体时代理应受到更加重视，放在学校工作的一个重要位置上。这就要求学校德育工作规划和计划中必须把宣传工作作为重要一项列入，要培养德育宣传人才，要在宣传素材选择、宣传文稿撰写培训、宣传系列策划等方面立任务、定目标。

在德育活动设计时，要求做好德育活动分类，德育活动主要从以下五个角度进行分类。

一、课内和课外

课堂与德育是融合关系，课堂德育因素需要挖掘渗透，可以设计活动培养学生之间竞争与合作能力。我们要求每个班级以 4 人为小组，对小组组成方式、竞争办法等给出明确方案。小组既是课堂讨论、举手抢答、荣誉加分的加分组织也是违纪减分的单位，是“荣辱与共”的小集体，每个班级前面张贴学校统一制定的小组细则，教室后面悬挂专门小黑板，记录每天各组具体得分情况，每周汇总，每月总结，小组之间竞争，小组内强调合作，竞争有原则，合作有办法。

德育成长护照

二、校内和校外

德育活动主要发生在校内，但是有些活动必须在校外完成，像学校开展的要求学生在家里完成的“德育作业”等，为发扬中国传统家风文化，学校始终把“现代孝道”作为学生德育工作的一项重要工作，每月要求学生回家必须至少完成一项“德育作业”。例如，做一顿饭，或者清扫一次家里卫生，或者帮爷爷奶奶、外公外婆梳梳头、洗洗脚等。学校还设计了“德育护照”，把学生完成“德育作业”情况记录在“德育护照”上。

三、全员参与和部分参与

升旗仪式、劳动教育活动和艺术节、体育节、美食节、摄影节、诗歌节、三八妇女节、母亲节活动等节日系列，必须是全员参与。比如艺术节、体育节有不少学校仅把它当作一次少数人的比赛，属于少数人的专享，这是背离活动的本质意义的，当然，全员参与的艺体节，是需要精心设计的，既要重视面，也要突出重点。办学之初，学校就开展了全员参与的劳动教育活动，已经从当初的劳动周发展为现在的劳动综合教育活动。

四、社团类和一般类

社团活动是有组织、成序列的德育活动。学校的社团归德育处统筹，对社团招新、目标设定、日常管理、过程考核、结果呈现等各个环节，明确方案，尤其是评价方案，全程跟踪记录，指导教师的责权利明晰，奖惩分明。前面提到，考虑高中阶段的特殊性以及办学历史短暂，学校要求当前暂不全面发展社团，要发挥学生特长，结合高考方向，有重点地开展艺体社团，集中力量办出特色，办出成果。

五、特别活动设计

（一）“致三年后自己的一封信”活动

每届高一军训结束，学校都会开展“致三年后自己的一封信”活动，希望新生通过书信的形式，对高中三年做一次有温度的规划和展望，并选择优秀稿件在学校微信公众号连载，宣传新高一学生的别样风采。

(二)18 岁成人礼活动

每届高三毕业前举行 18 岁成人礼活动，成人礼活动前开展回读“致三年后自己的一封信”活动，同时鼓励每位同学给 10 年后的自己再写一封信，在成人礼上放进特制邮筒，学校封装放在档案室，希望 10 年后这些毕业生重回母校亲自打开当年的这封信。这既是希望即将考进大学的同学们对人生重要的 10 年做好理性规划，又是母校对即将离开校园的毕业生的一种特别期待。

成人礼瞬间

(三)“80 华里”远足活动

“80 华里”远足

现在高中学生运动量普遍不足，学校在开展每天三操（早跑操，上午课间跑操，下午韵律操）的同时，鼓励学生利用课外时间多参加户外运动。为强化运动理念，培养学生运动精神和合作意识、忍耐力和意志力，学校每年举行高一年级环巢湖“80 华里”远足活动。举全校之力，制定详细方案，打磨过程细节方案，筑牢安全预案。五年来，由当初的60华里扩展至现在的80华里，全体师生几乎没有一个落下队伍，每一位同学走完80华里无不感慨万分，对自己能够全程走完80华里表示难以置信，意志力很多时候是靠体力培养出来的。这种80华里的拉练活动是师生共同完成的一次人生修行，用行动诠释只要充分准备并敢于付诸行动，目标一定就能够达成。

（四）每天唱国歌活动

爱国主义教育并不抽象，学校不仅要求在每周升国旗时全体师生齐唱国歌，还要求每天晚自习前全体学生齐唱国歌，在雄壮的国歌声中，感受祖国的力量，让这种持续不断的激情内化为学生的自觉行动并长期坚持。

（五）每周升旗仪式

学校把升旗仪式完全交给学生自己来表现，每周由一个班级来完成，学校在开学初给出大致主题，班级可以适当调整主题，每个班级推选一名学生，就研定主题进行主题演讲。演讲必须脱稿，全程录像并把录像和文字稿刊登在当天的微信公众号上，学校根据主题设计、演讲稿撰写和演讲表现，学期结束德育处组织评委进行打分评价。让升旗仪式作为表现爱国主义、集体主义以及对现实时事进行评判的阵地。用评价来推动表现力，避免让升旗仪式变成一种例行公事式松散低效的德育活动。

学校在德育活动设计时，要求关注活动评价。当然，德育活动评价是德育工作的一个难点。学校主要从活动设计对学生是否具有吸引力、活动过程学生是否愉悦、是否处理好德育活动与文化课学习之间的关系、教师是否具备德育活动的组织能力以及家长是否理解支持等五个维度，来设计调研问卷，通过问卷形式，及时了解活动的针对性和实效性并修改调整。

第四节　建和谐家校

家庭教育是学校教育的基础，学生的表现往往源于家庭现于学校，家校合作是做好学生教育的内在需求。家庭和学校分属两个场地两种环境，并且不同家长的知识储备、文化认知和教育方式等方面存在诸多差异，这成了家校合作的“难为”之肘。但是二者的共同目标是高度一致的，大多数家长都对学校寄予厚望，希望学校在家长如何引导孩子教育方面提供更多的支持和帮助，这是家校合作的“可为”之处。

学校探索出家校合作“114 模式”，即一个理念，一个目标，四项举措。

一个理念是尊重家长，一个目标是建构家校共同体，具体以四项举措予以体现和落实。

一、开展四“家”活动，为家校合作添加粘合剂

四“家”活动即每日家“悦”、每周家“香”、每月家“笑”、每年家“风”。每日家“悦”就是在学校微信公众号上每天推送一篇关于家庭教育方面的文章，主题多为价值观教育系列、言传身教系列、家校合作系列、孩子行为习惯养成系列、家长沟通技巧系列、青春期引导系列、

孩子健康心理养成系列，为家长持续地提供家庭教育方面的知识和案例，同时不断强化家长重视家庭教育的知识积累，从不同的家庭教育案例中受到启发，引导家长树立正确的育儿观、成才观，减轻家长的焦虑，让孩子更加健康的成长。每日家"香"就是学校食堂每周推出一道特色菜，并在学校公众号上推介，以此鼓励家长在孩子每周回家时和孩子共同做一道"香"菜，增进亲子关系。物质上的给予现在已经很难让学生感知父母的良苦用心，但是对于寄宿制学校的学生，能够在生活上经常出新，家长经常从孩子角度在生活上精心设计，物质之香就会自然转化为关系之"香"。每月家"校"即是学校每月邀请一位家庭教育专家为家长作专题报告，专家报告深入浅出，理论联系实际，关注痛点，结合热点，剖析焦点，为家长提供体系性家庭教育思想和方法。每年家"风"就是学校每年组织夏令营，家长和学生共同参加，参观具有优良家风传统的名家古宅，学习名人家训，认识中国历来重视家风家训的文化传统，激发家长和孩子合力构建现代家风文化的愿望。在此基础上，学校每年暑假根据一年来开展家校合作情况，整理编辑一册名为《智慧家长》的阅读材料，免费送给高一新生家长参考。高一新生家长通过此材料，可以获得家庭教育方面的知识和方法，并从一个侧面了解学校在家校合作方面的积极探索，为接下来的家校合作工作深入开展打下基础。

二、加强家校互动，为家校合作添加催化剂

四"家"活动为家长提供更多的是意识、知识、方法等方面的案例，供家长学习、启发和引导，侧重"务虚"，而加强以学生在校思想、学习和生活方面为主要内容的家校互动，则是家校合作的"务实"之举。学

校在家长开放周、家访、家长委员会选聘、家长会等常态化工作方面主张“做深、做细”，不能走过场、搞形式。考虑家长的文化层次等因素，家长开放周不仅是请家长走进课堂听课，而是将校园所有部门全流程开放。宿舍管理、食堂管理是家长普遍关注的重点，但也有不少家长对学校的德育管理、教学管理以及综合管理这些“背后的东西”感兴趣。学校要求这些部门要向家长开放，全面接待家长，各部门可以利用这样的机会向家长全面介绍学校工作开展的具体标准、具体流程，让家长立体化了解学校。家长在开放周来学校一般不需要预约，所有教师可以在课余时间随时接待家长让家长了解学生在校的真实情况。学校不专门要求教师和班主任必须家访，如果条件允许，学校当然鼓励教师到学生家里进行有针对性的家访。不过，学校要求必须把学生的基本情况了解全面，即使不进行家访，班主任也要做学生成长档案。学校也正在尝试研发学生成长 APP，将分家长、学生、教师、班主任、学校等五个端口，按时分类上传，力求把学生的全面情况记录到 APP 上，家长可以随时了解孩子的情况，并且要针对“问题学生”尤其是心理健康方面有问题的学生建立专门“台账”予以重点关注。这也可以一定程度上“替代”家访。如果家长来学校，可以通过 APP 事先“做好功课”，这样沟通交流时可以更加有的放矢和深入。同时，学校还对家长会进行完善。多数学校

高一家长会

一般在期中考试之后召开一次有全体家长参加的家长会，家长会上校长或副校长广播讲话，简要介绍学校近期重点工作，接着各班班主任主要介绍半学期以来学生学习、生活等情况，重点介绍期中考试情况，然后各学科教师分别介绍学科考试情况。学校认为这种类型的家长会可以在高一第一次家长会召开，让家长全面了解学校、认识各学科教师。后面主要召开分层家长会，每个月至少一次，班主任根据学生性格特征、学习态度、生活能力等进行分类，利用周日下午家长送孩子到校之际邀请家长举行小型座谈式家长会。这种家长会班主任可以和家长进行相对充分的交流，与特殊学生家长单独交流，只有双方都能"说上话"的家长会才能更好地达到"沟通"的目的。"介绍式"家长会完全可以采取线上形式，将家校双方"成本"降到最低，而效果并不会减弱。学校在"介绍式"家长会方面增加了"每月致家长一封信"，分年级部把一个月以来学校、年级部的情况作全面回顾，并要求班主任给每位学生写一句话评语，末尾留空白让家长给学校或班级提意见和建议，学生返校后按班级整理家长意见和建议，有代表性的问题提交校长办公会研究回复或整改。

三、提供常态服务，为家校合作添加兴奋剂

根据世界贸易组织统计和信息系统局提供的国际服务贸易分类表，全世界的服务贸易被分为 12 大类，其中"教育服务"属于第 5 类，在项目上又分为初等教育服务、中等教育服务、高等教育服务、成人教育服务及其他教育服务五类。高级中学应该属于中等教育服务，这里的"服务"一词，与我们生活中一般理解的"服务"概念不能等同。作为民办学校，既要做好"广义服务"，也要做好"狭义服务"。"广义服务"

侧重于学校为学生提供优质教育，包括硬件设施、现代设备、怡人环境以及提供和师资力量、管理水平、课程设计等，所有服务均应以尊重学生健康成长为基础，为学生成才服务。“狭义服务”侧重于学校为家长提供优质服务，学校切实设法为家长提供具体方便。高一入学前，家长登录学校网站或公众号进入学生入学查询系统，只要输入学生有关信息立即获得学生具体的分班信息和班主任简介、联系方式。目前不少学校仍然采取传统的校园张贴方式，入学前家长难以了解，入学当天到张贴栏面前寻找孩子信息，入学流程冗长，而提前让家长了解分班信息，可以使孩子入学更便捷；入学后，孩子在校情况分类上传系统，家长可以随时查阅。寄宿制学校学生身边没有手机，需要联系家长或家长联系孩子都很不方便，过去我们在校园里安装磁卡电话，学生打电话排队，学生通话长短容易发生矛盾，家长也不能打过来，而现在学校引进智慧班牌，每个班级一个，开通家长与学生联系通道，家长和孩子既可以即时沟通（视频或语音电话）也可以延时沟通（发信息），为家长和学生带来沟通便捷；还设有缴费系统，家长只要在自己手机上用微信二维码即可缴费；在智慧食堂学生不需要带卡，刷脸即可支付，家长不仅可以即时了知道孩子每餐付款数额，还可知道孩子具体吃了什么。每次放假学校要求各年级部提前通知家长准确来校时间，学校提前联系交警现场指挥，避免拥堵；学校在大门入口安装两个遮阳伞，并放置几个凳子，供提前来校家长休息；学校设有校长信箱、热线，微信公众号等多渠道开通家长沟通方式。学校服务的对象是学生和家长，前线是学生，后方是家长，这都需要系统化设计，学校的服务意识、服务措施、服务流程、服务评价等方面，一个不能少。

四、亮明校纪校规，为家校合作添加防腐剂

当下世风世俗，不时会出现两种极端：一是走得太近容易出现人情腐败；二是沟通不顺有时会发生冲突。学校必须在教师腐败方面防微杜渐，在家校冲突方面尽力规避。学校不仅在教师管理制度方面出台"八项禁令"，把收受家长礼品、接受家长宴请等作为高压线，而且在每月致家长一封信中醒目提醒家长关注学校教师禁令，不能"腐蚀"教师和班主任，每月提醒，长期坚持，一旦发现，按章处理，绝不姑息。学校引导班主任利用QQ等平台，把学校作息时间、班级课表发给家长，提醒家长在合适时间联系教师，不要发生因不了解而在不当时间联系不上教师而产生抱怨。学生入学之初，学校把学生管理制度印发给每一位家长，让家长全面了解学生违纪"标准"和违纪处理流程，避免出现自己孩子违纪须接受学校处分时，家长因之前不了解而不配合甚至与学校教师发生冲突。中途调整教师、学生之间打架等问题容易引起家长"闹事"，学校必须制定预案，一旦发生，迅速处理。由一名校长牵头，相关年级主任、班主任紧密配合，第一时间主动约请家长，澄清事实，动之以情，晓之以理，最大程度缓解误会，达成共识。

学生是按照分数标准招进学校的，具有共同性。学生进校后在学习、生活、交友等方面表现出差异性，这既有人与人之间存在差异性的客观属性，又有为学校针对性教育提供可能的主观属性。学校既要坚持不懈地让家长对客观属性提升认知，又要让家长切身感受到学校针对学生差异性所作的不懈努力。认知激发动力，知识增加保障，方法解决问题，只要学校贯彻理念，致力目标，完善措施，家校和谐的目标终究可以实现。

第五节　谈劳动教育

一、劳动教育的时代性

(一)由“四育”到“五育”,教育培养目标更加全面

2018 年 9 月习近平总书记在全国教育大会上提出“构建德智体美劳全面培养的教育体系”的工作要求,强调“要在学生中弘扬劳动精神,教育引导学生崇尚劳动、尊重劳动,懂得劳动最光荣、劳动最崇高、劳动最伟大、劳动最美丽的道理,长大后能够辛勤劳动、诚实劳动、创造性劳动”,并在阐释教育目标时首次完整提出“培养德智体美劳全面发展的社会主义建设者和接班人”,进一步突出了劳动教育在新时代教育体系中的重要地位,推动新时代劳动教育回归初心、回归育人。

(二)由“讲话”到“部署”,劳动教育要求具体务实

2020 年 3 月,中共中央、国务院印发《关于全面加强新时代大中小学劳动教育的意见》,对构建德智体美劳全面培养的教育体系进行系统设计和全面部署。要求充分认识新时代培养社会主义建设者和接班人对加强劳动教育的新要求,全面构建体现时代特征的劳动教育体系,广泛开展劳动教育实践活动,着力提升劳动教育支撑保障能力,切实加强劳动教育的组织实施。

(三)由实践到评价,劳动教育稳步科学推进

2020 年 10 月中共中央、国务院印发《深化新时代教育评价改革总体方案》提出加强劳动教育评价。实施大中小学劳动教育指导纲要,

明确不同学段、不同年级劳动教育的目标要求，引导学生崇尚劳动、尊重劳动。探索建立劳动清单制度，明确学生参加劳动的具体内容和要求，让学生在实践中养成劳动习惯，学会劳动、学会勤俭。加强过程性评价，将参与劳动教育课程学习和实践情况纳入学生综合素质档案。

二、关于劳动教育的实践

2016 年办学之初，学校就开展了学生全员参与的劳动教育活动，目前已经从当初的劳动周发展到现在的劳动综合教育活动。学校的德育工作特色是“五有六力七会”，在“七会”里，把“会劳动”作为其中之一，引导学生把“会劳动”作为一项基本素养和基本能力。这主要在三个层面开展劳动教育活动。

（一）认知层面

学校主要通过三种形式来引导学生认识劳动，愿意劳动，热爱劳动。一是主题的班会。在德育处每学期工作计划中明确要求班主任适时开展关于劳动教育的主题班会，德育处要求在学期的某一周为全体班主任开展统一的主题研讨会，每位班主任制作 PPT，发班主任群共享，相互学习借鉴。二是征文比赛。在主题班会上，引导学生讨论激发学生多角度、多维度思考问题，但是仅在课堂上，这种短时间内的讨论往往在深度和广度方面不够。所以在主题班会的基础上，应引导学生更加立体化地深刻认识劳动和劳动教育。学校要求每年高一入学新生在第一学期的下半学期撰写一篇关于劳动和劳动教育的文章，德育处负责组织评奖，优秀文章在学校微信公众号的连载刊发，把学生关于劳动和劳动教育的认知引向深入。三是升旗仪式。学期内选出在某一周的升旗仪式时聚焦劳动教育话题组织活动。2017 年学校在一次升旗仪式要求在升旗仪式上发言的学生就劳动教育的开展宣传进行演讲，恰巧2019年全国Ⅰ卷高考作文就是关于劳动教育的演讲稿，作文所给的材料与学校开展的主题班会以及升旗仪式的演讲几乎如出一辙。当时分管德育处的程玉平副校长兴奋地拟写一篇名为《我们坚持的竟是高考所考的》的稿子，刊发在学校公众号上。

(二)生活层面

劳动体现在生活的方方面面。德育是引导学生在生活上做到自理，会做力所能及的生活劳动。学校引导学生每次回家完成“德育作业”，主要是为父母减轻家务负担，主动承担打扫卫生、做饭刷碗、整理房间这些日常家务，体会父母艰辛。寄宿制学校学生的内务管理是学生管理的一项内容。德育处在学生入学之初利用开学军训时间，对学生进行内务整理培训，对叠被、生活用具摆放、晾晒等提出具体标准和要求，每日生活老师按标准检查，培养学生生活自我管理能力。不仅如此，教室卫生也是学校重点管理的一项常规工作，教室是学生活动的主要区域，而且人员密集，卫生状况与身心健康有着直接关联。地面、桌面、墙面卫生，卫生器具摆放以及定时开窗通风等，学校提出明确细化标准，每天检查并公布结果，让学生形成自觉清扫卫生的生活习惯。

(三)体验层面

德育的关键在于知行合一。在增强劳动教育认知和引导形成日常生活劳动习惯的同时，学校推行了劳动体验周活动。环境育人，校园环境能潜移默化地给学生以文化熏陶，影响学生的观念和行为，是无声的文化力量。学校实行公共区域劳动周体验课程，全年级所有班级必须参加劳动体验课程，学生不得无故缺勤；各班级以小组为单位参加劳动体验课程，课程内容包括教学日的校园公共卫生区域卫生打扫(操场卫生、羽毛球场等)和卫生维护,周六的宿舍卫生劳动与食堂劳动。食堂劳动包含食堂餐具洗涤、餐桌清洁。公共区域劳动包含公共区域卫生打扫、卫生维护等。每周的劳动周体验实行双班制,即两个班级共同参与。德育处对教学日的校园公共区域进行片区划分,分摊至两个班,责任到每个小组成员,确保每人参与一次。同时德育处再对两个班级的学生进行食堂任务的再分配,确保每个岗位人员适当。每天中层值班主任对三餐之后和课间操结束后的校园公共区域、主干道进行卫生巡视,并对责任班级进行评价。每周六由德育处组织值班人员、食堂和生活区管理人员对每个岗位进行综合评价。德育处通过各级评价对上周值日班级整体进行综合评价,该评价为全班学生的最终评价。当周值日学生需佩戴值日志愿者袖章或小红帽,在大课间时间巡视公共区域及主干道卫生,当发现有人乱扔垃圾、乱倒纸屑、随地吐痰等不文明行为需立即制止,若被劝阻人不听告诫则可以直接告知当日值班行政老师或带到值班室由值班教师进行批评教育;若因值日小组落实不到位导致的公共卫生区域或主干道脏、乱、差,则影响该班级最终评定等级。

三、关于劳动教育实践的几点思考

(一)如何看待两种传统认知

关于劳动教育,我国历来有两种传统认知,在开展劳动教育时要把这两种认知理解清楚,不能只强调一方面,忽略另一方面,或者把二者割裂开来,甚至对立起来,其实二者既有区别,也有联系。

一是我国劳动教育源远流长,历来有着"耕读传家"的优良传统。"耕"指从事农业劳动;"读"即读书、学习,"耕读传家"体现了我国古代教育与生产劳动的有机结合。正如 2019 年全国Ⅰ卷高考作文题的材料开始两句话所表述的那样，“民生在勤，勤则不匮”，劳动是财富的源泉，也是幸福的源泉。“夙兴夜寐，洒扫庭内”，热爱劳动是中华民族的优秀传统，绵延至今。古代读书人很重视劳动教育，把劳动作为修身的重要方式。朱熹在《〈大学章句〉序》中说道：“人生八岁，则自王公以下，至于庶人之子弟，皆入小学，而教之以洒扫应对进退之节，礼乐射御书数之文。”

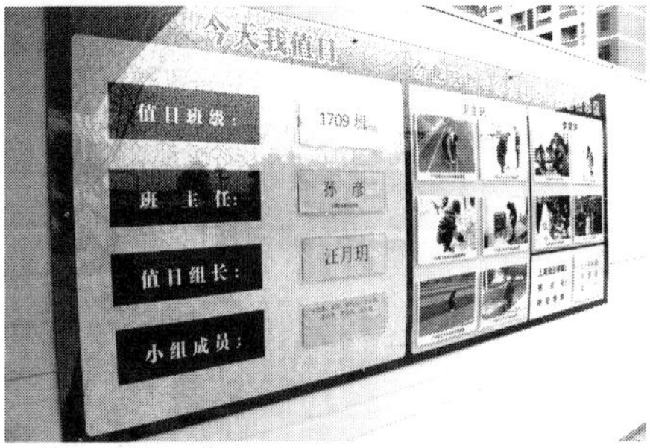

劳动周课程公示栏

二是我国传统文化也有被认为轻视劳动的传统。最著名的就是儒家两位圣人言论被误解的例子。

一例是《论语》中的“樊迟问稼”道：“樊迟请学稼。子曰：‘吾不如老农。’请学为圃。曰：‘吾不如老圃。’”樊迟出。子曰：“小人哉，樊须也！上好礼，则民莫敢不敬；上好义，则民莫敢不服；上好信，则民莫敢不用情。夫如是，则四方之民襁负其子而至矣，焉用稼？”后世经常用本章批评孔子轻视体力劳动，歧视劳动人民。其实不然。春秋时期士阶层崛起并积极投入社会现实中，士人的职责是担当道义，伸张正义，辅佐明君，安邦定国，对于当时统治阶层过度的荒淫残暴有一定的制约作用，是春秋战国时期最活跃的阶层。孔子培养弟子的教育目标就是士而不是具体的生产技术人员. 因此樊迟要学习种地与种菜栽种果木的技术，与孔子平时教导的方向相悖，孔子当然会很生气。有人进一步拿《论语》中另一段话来佐证孔子轻视劳动。《论语·微子第十八》：“子路从而后，遇丈人，以杖荷子路问曰：子见夫子乎？丈人曰：四体不勤，五谷不分，孰为夫子！植其杖而芸。子路拱而立。"这段话其实是用来表现孔子周游列国推行治国主张而处处碰壁的那种不为世人理解的窘态。

另一例是被误解更深的孟子。《孟子·滕文公章句上》提出的"劳心者治人，劳力者治于人"。这句话千百年来被认为是孟子重视脑力劳动而轻视体力劳动进而鄙视劳动人民的"铁证"。其实，如果我们翻开《孟子·滕文公章句上》全文，便会发现孟子在这篇宏文中主要讲的是社会分工问题。从这篇文章中，可以认识到，从实际情况来看，在原始社会中出现了农业和畜牧业的分离，这是第一次社会大分工。在原始社会末期，又出现了农业和手工业的分工。随着人类由原始社会向文明社会过渡，脑力劳动和体力劳动之间，管理者与被管理者之间的分工也不可避免地出现了。而这种分工的出现，就必然出现统治者与被统治者，管理者与被管理者，甚至压迫者与被压迫者，剥削者与被剥削者。"劳心者治人，劳力者治于人"这句话一方面的确为后世的统治者提供了理论依据，另一方面孟子又作为统治阶级的代言人而在一定历史时期内被批判。其实，我们在这里应该清楚，孟子的原意并非论述统治与被统治的问题。阴差阳错，这个毕生为"民"请命，呼吁当政者实施仁政的人倒成了统治阶级的代言人。

由此，我们不应仅凭只言片语就认定其是某一种文化传统，而应把这句话放到"时代背景"中正确理解。造成人们重视读书轻视劳动这种认知偏差的原因可能不是断章取义的结果，而是人们基于读书人对应的社会地位这一社会现实，我们不能由果导因，应该辩证分析，引导学生正确认知关于劳动教育的传统本相。

(二)如何理解劳动和劳动教育的关系

劳动不一定具有教育意义,只是单纯地组织学生进行劳动的活动不一定就是劳动教育。这就要求我们在开展劳动教育时,要进行系统的规划和周密的计划,避免学生在没有意义指导下进行的碎片化劳动,这不是劳动教育,达不到教育的目的。苏联著名教育家苏霍姆林斯基在《论述劳动教育》时提出“劳动的教育力量”问题,提出劳动要发挥其教育力量的劳动教育原则,这些原则可概括为两个方面:一是劳动教育与全面发展的结合;二是劳动本身应该是创造性的、个性化的、具有成人特征的。因此,我们在开展劳动教育时,不能为劳动而劳动,更不能把劳动作为惩罚性措施,要让学生在劳动活动中增长劳动认知,体验人际情感,提升组织能力,体现合作精神。

(三)如何进行劳动教育融合

在高中开展劳动教育不仅在认知、规划等方面有一定制约,而且还存在着如何处理紧张学习与劳动课程之间的客观矛盾问题。不可否认,利用课余开展的单一劳动教育课程可以起到一定的教育作用。但这种孤立活动不仅窄化了劳动教育的内容,稍有不慎还容易被学生和家长认为“挤占了学习时间”而成为被动应付。增设和单列劳动教育专项课程在客观上会给学生和教师增加新的负担,从而影响劳动教育自身的价值。这不仅是开展劳动教育遇到的困惑,体育、美育也同样存在,学生在校时间是不变的,学习竞争压力是不减的,如果每“育”都增加所谓的独立课程,势必会导致形式主义,结果事与愿违。应发挥劳动教育课程常态化育人作用,在精心设计独立劳动教育课程的同时,将之与各“育”结合融通起来,让劳动教育在德育、智育、美育和体育中体现。既要在这些领域进行劳动教育,也要让劳动教育并进入其他各育之中。劳动教育与智育不可分离，因为学习本身就是一种艰苦的劳动，让学生在学习时认识到"学习劳动"的真实存在，而不仅仅存在于工矿企业和田间野外。只有把劳动教育融合在日常的每"育"之中，实现劳动教育常态化，劳动教育才能焕发持久的生命力，学生在劳动教育中获得幸福生活的综合能力。

第二章 教学即教研

本章前三节的主要内容是教学模式的形成过程、教学模式介绍以及教研工作的推动机制。这三节主要从当前公办学校和民办学校普遍存在的问题入手，针对问题提出思考路径和解决办法，从而形成模式，再在实践中不断优化、完善模式，表现出探索实践的完整思路。教师培训和评价办法是教研工作机制和教研质量的有力保障，因此把这两个主题放在本章，以增加“教学即教研”的宽度和厚度。

第一节　教学有模式

一、教学常见问题

根据调研，无论过去还是现在，无论公办还是民办，高中常态化教学明显存在着三个方面的问题，具体如下。

(一)标准模糊，方法失当

以笔者工作经历为例。刚参加工作时，当时的校长听了我一节课，因为是校长听课，所以记忆犹新。当时上的是鲁迅的《中国人失掉自信力了吗》这一课，这是鲁迅的一篇短小杂文，正好一课时上完。我从写作背景、论证方法和自信力、他信力、自欺力的关系等几个方面一一讲解，中间虽偶尔提问学生，但主要是自己串讲整节课。校长课后给我的评价大致是基本功扎实，知识点讲得透彻，但是课堂气氛沉闷，师生交流少，学生掌握情况不清楚。意思是教师自己掌握的知识没有通过一定的方法很好地“教给”学生让学生也能掌握。现在去听年青教师的课，仿佛见到了当年的自己。这是年青教师课堂的一个共性特征，对于年青教师集中的学校，尤其要引起高度重视。

过去电脑尚未普及，教材版本稀少，很难找到可以借鉴的教案，备课可查阅的资料也不充足，更多地靠教师单打独斗，在实践中慢慢摸索。而现在已经进入移动互联网时代，网上海量资料、不同类型的教学设计和课件数不胜数，这给老师们备课提供了极大的便利，但是其反面作用同样不可低估。不加鉴别直接使用网络素材的教师不在少数，简单拼凑就拿到课堂上教学的也大有人在，这是另一种形式的“照本宣科"。

与以上两种情况相反的是公开课。毋庸置疑，无论是哪种类型的公开课，上公开课的老师都会投入大量时间来精心准备。多年来，大多数公开课给我们的感受是，初听很精彩，细究不对劲，琢磨少回味。初听很精彩主要是上公开课的老师非常注意语言设计，对每一句话都精雕细刻，熟背于心，出口成章；细究不对劲主要是学生对问题的理解往往出乎意料，不同学生的回答配合得恰当巧妙，角色扮演似乎完美无缺，而反观学生平时的真实能力与之相去甚远，也就是说，表演的成分太多，公开课成了表演课；琢磨少回味主要是课堂上对难点问题少有阻滞感，学生对深层次问题少有试错式碰撞，关键点少有深刻思辨，这正是因为上公开课的老师过于关注看上去很热闹的表演，为了多出彩而对表演过于用力，却对课堂即时生成性的自然属性彻底忽略，表面行云流水，内里背离真实。

以上现象所暴露出的问题都需要被改变。

(二)作业随意，评讲低效

作业是体现课堂讲解、深化课堂问题理解的重要手段。课堂上听懂了不代表理解了，需要课后作业予以检验，举一反三，融会贯通。作业与课堂授课一样重要。然而，作业的设计、布置、批改、讲解等各个环节一直以来都存在很多问题。以下列举三个案例以便与理解。

【案例1】 过去笔者在体制内主持召开全校教师会议时，发现一个现象，就是女教师一般都坐在后面几排，领导讲话时她们很少抬头，她们提前于领导来到会场，把学生作业本带到会场桌肚，开始默默批改作业，私下问一位女教师为什么开会不认真听，她说边听边批完全可以的，学生作业一般都是对的，只要打钩给阅字即可，这种现象给我很大触动。

【案例2】 笔者一位同学的女儿以高分被一所名校录取，一次饭局向其请教育儿经，同学说初中三年他替她女儿做了很多作业，这是一条最重要的育儿经验。大家愕然，欲求究竟。同学说，老师布置作业有两个明显问题：一是各科老师之间鲜有沟通，各顾自己学科，经常发生某一天多门学科老师布置作业而且可能作业量都不少；二是不同学科在初中各个阶段的投入应该是不同的，比如政治历史学科是开卷考试，初一初二时期根本不需要布置很多书面作业，应该侧重于课堂和早读，但实际上政治历史学科老师也会布置作业，甚至要求大段抄写。同学经验是，每天女儿放学，她会首先对女儿作业类型和作业量进行评估，如果发现当天女儿作业量偏多且有的属于纯抄写的作业时，她会帮女儿抄写，当然同学的字迹模仿能力很强，还有就是由于现在老师布置的作业多是征订的资料，有的资料编写水平不高，前后不少重复或出现超纲题，老师在布置前很少筛选，只是简单布置写多少页，同学会提前把这类题做出来，她女儿就可以轻松跳过，从而节省时间保证睡眠。现在很多的初中生因为作业过量导致睡眠普遍不足，睡眠不足直接影响第二天的听课质量。

【案例3】 某家长口述：女儿在读初中期间，我发现不少学科的作业教师是不批改的，早晨要求学生提前到学校或直接利用课堂让学生互批或选几位学生下课去老师办公室帮老师进行“统计式批改”，就是查一下有没有做、做了多少。

以上三个例子，不能说是普遍现象，但是很具代表性。这三个例子说明，教师很少亲自设计作业或精选作业，布置作业很随意；开会能批作业、学生能批作业，说明作业的答案大部分都是正确的，学生作业抄袭现象非常普遍。基于此，作业本身的检测作用大大降低，作业的评讲必然是低效的，而学生的负担却无端地被增加了。

（三）合作虚化，形式浮泛

教学需要合作，尤其是各学科老师之间需要合作，这是基本共识，每所学校都在强调，都在推进，但是实际情况并不乐观。对各类学校备课组进行观察后，合作情况有以下几点现状：有时间无地点，有地点无交流，有交流无主题，有主题无跟进。

备课组合作的形式主要是集体备课，早年受空间限制，教师办公室拥挤，学校腾不出独立空间供教师们集体备课。如今教育投入逐年加大，特别是硬件建设投入大幅增加，很多学校建立了独立集体备课室，但是受制于传统的排课模式，同一备课组很难常态化集中时间集体备课，一周至多抽出一两次时间集中，集体备课室闲置现象普遍。对于这种偶尔一次的集中研讨活动，主题往往宏大空泛，或对教学进度进行纠偏强调，或者学习上级有关文件，或谈谈名师、专家观点，而最重要的教学中具体问题往往被抛在一边。公开课评课可能是体现备课组合作的最具主题性的活动了，但是公开课毕竟不是常态活动，而且多数情况下，评课时同事们尽挑好的方面说，对问题或者视而不见，或者点到为止，效果可想而知。

二、针对性的解决策略

以上三个方面的问题具有一定的普遍性，公办学校主要因受限较多，而民办学校更多的是意识问题、认知问题。民办学校应该增强意识，提升认知，发挥其机制灵活性的优势，针对问题积极创新。学校办学以来，针对这些方面的问题，作出以下探索。

（一）细化流程，确定环节

一项工作的效率很大程度上取决于标准确定和流程设计。一节"好课"有很多方面的指标，所以很难把"好课"的标准制定出来，但是可以把"好课"的核心问题找出来，把制约核心问题的主要矛盾拎出来，把解决主要矛盾的关键环节连起来。

显然，核心问题就是重难点，主要矛盾就是如何运用教学方法来落实，关键环节就是教学重难点所呈现出的课堂阶段。重难点必须引导学生知道在哪里并掌握，教学方法必须围绕重难点来设计，并把引导学生掌握重难点的环节作为关键关节。

“好课”是相对的；不加鉴别地复制网络课件，往往不能因材施教且事倍功半；而对于参加工作不久的青年教师，则需要发挥组内合作机制的作用，让他们尽快融入课堂教学。

对课堂的基本流程应进行研究设计，设计思路首先引导学生找出重难点，其次针对重难点进行初步知识积累并组织小组讨论，互相启发，讨论解决不了的难点由教师来重点讲评。学习从本质上来说是自学，所以在引导学生感知重难点并展开小组讨论环节，是符合学生认知规律的，满堂灌式的课堂讲解，是违背学生认知规律的，只有当学生在自学中产生问题，自己带着问题来听老师讲解，才能从根本上掌握重难点，而对于非重难点部分完全可以交给学生自学。我们把这个课堂思路用“引、思、评、结”四个环节来呈现，针对不同的课型，四个环节可以各有侧重。一节“好课”必须遵循学生的认知规律，遵循学生认知规律的好课要体现“引、思、评、结”这四个环节，这是课堂基本规律，也是“好课”的基本规律。

(二)作业限时，评讲限课

作业要体现效果，必须有很强的针对性。有针对性的作业包括作业设计、作业完成、作业批改和作业评讲等四个环节。作业设计要体现“三度”，即紧扣教学进度、有一定的梯度，同时还要有新颖度，不同学科因课时量的不同而匹配不同的作业量，避免学科之间抢占学生时间搞恶性竞争。时间性是作业完成、作业批改和作业评讲的共同要求，时间性体现在两个方面，一是学生完成作业所需的时间长度；二是作业批改和作业评讲须在最快速度完成。

学校提出，学生所有课后作业一律实行限时作业，像数学、物理学科一般采取一课一练，其他学科根据课时等因素匹配一定量的练习。一课对一练的时间是相同的，就是一课时教学匹配一课时作业量，作业必须在课堂完成，一般是上午一节数学、物理课，下午或晚自习时间匹配同一课时的限时作业，制作特殊答题卷，主观题教师手改，手改结果和客观题通过专门阅卷系统扫描合成最终分值，要求当天作业当天完成批改，批改结果上传教务系统便于核查。

学生在做限时作业

作业赋予分值，便于精确区分等级。学生在课堂完成试卷型作业，必须独立思考独立完成。课下的作业教师很难准确了解学生作业完成的真实情况，作业讲解的重点主要靠自己主观判断，作业评讲的效率必然是低下的。而课堂独立完成的作业批改方式，教师可以通过电脑系统准确统计学生的答题情况，正确率高的题目不需要评讲，错误率高的必须重点评讲，不需要每题都讲，错误率低的题目教师印发详解答案供学生课下自己对照分析，个别学生可以单独沟通，大大节省了讲题时间，提高了讲题效率。寄宿制学校可以把晚自习前半段排成两课时，一课时时间定为 40 分钟，上午 5 课时下午 4 课时晚上 2 课时，这样主要学科都可以基本实现一课一练。限时作业，考试落实，限时批改，限课评讲，彻底根除"作业随意，评讲低效"的问题。

(三)组长赋能，评价跟上

合作更加高效，学校要为合作提供物质保障和机制保障。

学校要为每个备课组提供固定的集体教研场地，并给予经费预算。如果一项工作在行业中的平均工作量中明显增多,必须增加经费支撑,否则就会失去动力机制。

征订资料、数页布置、笼统打钩或学生批改,这是一直以来中学教师落实作业的常态,教师为此付出的工作量是不大的。在推出限时作业时,学校拿出一笔经费作为专项支出。以一次作业设计为单位,设计命制一次限时作业和批改一个班级,分别给付一定的劳动报酬。报酬具体付给个人,作业由备课组长做好分工,每次限时作业须提交集体备课研讨通过,限时作业上有命制老师的具体姓名,学校会以年级平均分等来对限时作业做出检查反馈。现在学校与皖智教育集团研究院合作,以更科学的评价办法来保障限时作业的质量。这不仅是备课组内部教师之间的合作,还是学校各个部门之间的合作,同时也是学校与研究院之间的合作。

以上午某一节课作为制定年级限时作业统一时间,这个统一时间正好作为这个年级的集体备课时间,集体备课的内容力求标准化、流程化、可量化,便于操作落实。限时作业比较容易做到量化推进,课堂四环节也是为集体备课的标准化、流程化、可量化提供了便利。集体备课如果没有一个模型,在短短的一节课内很难集中成主题。学校要求每次集体备课的主备老师主要分析这节课的重难点及其解决办法,其他教师都须围绕这两个重点展开讨论,组长必须控制主要议题,避免主题分散。主备老师根据组内同事的建议,回去对教学设计和 PPT 课件再进行修改后发备课组 QQ 群供同组教师借鉴使用。

前文说过,公开课不是“走秀课”,而应该建立公开课常态化机制,常态化才能持久,持久的才是有效的。学校要求年级组长每周有一节公开课,并把组长的课排在前面,让组内教师都观摩后再上,一来给大家作了示范,二来组长在亲自实践后会把得失第一时间分享给其他教师，避免走弯路。组长的长期示范作用，是一种很好的行动教研，我做你看，我说你听。每周还会再组织一次组员公开课，两种公开课相互补充。为了提高评课效率，评课一般不在集体教研时开展，而在听课小程序上进行。学校研发了一个听课评课小程序，听课记录、评课记录等都可以在手机上进行，评课小程序设有固定格式，听课老师必须指出三个问题，给出一个优点，否则无法提交。微信小程序可以设置组内共享，节省了当面交流的时间。

合作教研的核心人物是备课组长。一般学校的备课组长的作用很小，要让限时作业、集体备课、公开课制度、评课办法等得以落地落实，必须改变备课组长岗位设置办法，具体明确赋以岗位职责及其权利，并对组长的责权利进行考核评价。这点在后面的"教研靠机制"一节中予以阐述。

教学有模式，所谓模式就是事物的标准样式。虽然说"教无定法"，但是"教必有法"，考有标准，这就要求我们在教学实践中摸索出一个相对标准化的操作系统，便于高效运行。教学模式不仅体现在课堂环节，课前备课、课后作业以及高效达成三者的合作机制，还体现在其各个环节的内部以及他们之间的协作。这些都应该在这个模式下实现良性运行。

第二节　三学四环节

上文中提出遵循学生认知规律的"好课"要体现"引、思、评、结"这四个环节，这即是课堂基本规律，也是"好课"的基本规律。本节将全面介绍"三学四环"的基本内容、实施举措和设计依据。

一、三学四环的基本内容

（一）以"三学"作为教学的原则理念，全程融入，重在务虚

所谓"三学"，即"助学、让学、互学"。

"助学"是原则立场，体现了"教师全程关注"。教育的目的是学，而不是教，教的根本意义在于帮助。从课案的体系规划开始，就应体现全程关注，全程帮助。通过教案、导纲、学案、练案，分解落实学科核心素养，知识问题化，问题前置化，给予学生思维支撑、方向引领、学法指导、资源铺垫。

学生讨论环节

"让学"是核心理念，要落实"学生全程参与"。学的关键是主体的参与、能动，课堂要给时间、给空间，让思考、让讨论、让提问、让展示。留足自读静思、圈点批注的时间以及小组交流、碰撞、激思的空间。落实学生独立思考、逻辑推理、信息加工、语言表达等关键能力的培养。

"互学"是价值取向，实现了"师生共同成长"。这既包含生与生的互学，也包含师与生的互学，讨论交流，演示反馈，评价整合，优化提炼等，是课堂活动的主要形态，关键是有要把"互学"作为价值取向的自觉自为。

（二）以"四环"作为课堂的流程环节，全面落地，重在务实

所谓"四环"，即"引一思一评一结"。"引"，是导入新课、提示目标、预设问题；"思"，是体会思考、讨论交流、发现问题；"评"，是自由展示、点名提问、解决问题；"结"，是收束归结、迁移应用、拓展延伸。"引

一思一评一结"四个环节的执行难点在于其中的"思"与"评",有效的"思"与"评",首先在于对"思""评"内涵要素的理解。"思"的过程包含体会思考、讨论交流、发现问题,形式上可以是多样的,如,安静思考、独立诵读、圈点批注,提出个人见解、伙伴交流探讨,整理并让结果视觉化。"评"是建立在讨论、展示的基础上,教师对其讨论结果点评、讲解、拓展,关注、追问、鼓励,由此主导课堂走向,保持课堂思维活跃度、专注度。"评"的目的是解决问题,生成结果。其次是灵活处理,并非一定是先思后评的线性流程,可以是交替的、滚动的,由思而评、由评而思,讲评的过程无法割裂思考的伴随。从总体上把握二者之间相辅相成的关系,即"思"是"评"的前提,"评"是"思"的结果,因势利导相机而行。

作为课堂教学模式,创新所在是提出"三学"的概念作为理念原则、方向引领,为教师的教育教学理论学习提供基本标示,也为"四环"的实施在基本方法保障的前提下留有教师个性化的发挥空间。

二、实施"三学四环"的举措

(一)拟定体系框架

组织全校各学科骨干,集思广益,对"三学四环"的总体框架进行细化量化,拟定体系,包括12个基本内涵、36个核心要素、24个执行要点和12个评价指标。最终形成《"三学四环"课堂教学模式评价表》(见后文),从12个课堂观察点予以检查、评价、督促。即导入是否恰当新颖、目标是否明确可行、问题是否真实具体、教师是否存在干扰、学生是否全员参与、教师是否发现问题、发言是否有点有面、教师是否点名关注、讲解是否融合生成、总结是否学生在先、应用结果是否达标、预留指示是否明晰。

(二)具体实施优化

在拟定体系框架后,学校组织全员学习培训,深入学习领会,骨干示范引领，讨论提高完善，全面实施推进。同时，反思探究进一步优化的关键点。“三学四环”课堂模式执行效果的制约因素有两个，一是导与思的质，主要在于问题预设的质量，即如何兼容课程思想、教材目标、文本特质、学生实际、考试体系等要素，这涉及深度备课，对教师的备课要求很高。二是收与放的度，主要在讨论、评价环节，课堂生成的应对，即课堂机制问题，既要把握、主导课堂走向，防止散漫无序甚至无效的自由交流，又要防止教师回到单向灌输的教学模型。这两个因素说明教学既是科学也是艺术，前者属于教学的科学性，后者反映的是教学的艺术性。另外，如何聚焦个体的追问，即关注个体的问题也将是课堂实践中长期存在亟待解决的问题。

三、“三学四环”的设计依据

（一）指导思想和基本依据

为适应全面推进普通高中新课程改革和高考综合改革、全面提高普通高中教育质量的新形势，在深入领会全国教育大会精神，学习《深化新时代教育评价改革总体方案》《关于新时代推进普通高中育人方式改革的指导意见》等顶层设计的基础上，学校积极探索民办学校育人模式的发展创新并研发了“三学四环”的课堂教学模式。

提出这一模式的基本指导思想是“坚持深化教育改革创新”“在增强综合素质上下功夫”，适应时代发展要求的普通高中课程体系，适应学生全面而有个性发展的教育教学改革，促进教育观念的更新，推进人才培养模式的变革。基本依据是新版课程标准，凝练各学科核心素养，发挥各学科的育人优势，形成育人合力，强化过程评价，改进结果评价，引导学生从“解题”到“解决问题”，从“做题”到“做人、做事”，突破关键能力，彰显素质教育。

（二）费曼学习法的运用

“三学”以及在“三学”指导下的“四环”里核心环节，与费曼学习法相似。理查德·费曼(1918—1988),诺贝尔物理学奖获得者。费曼有一种特殊力,他能用简单的语言把复杂的观点表述出来。这也使得他成为一位硕果累累的教育家,费曼也因此被称为"老师的老师"。费曼学习法主要有四个步骤:了解概念—复述概念—复述不完善再回到概念源—流畅精准地将概念完整地阐述出来。这其实就是把自己学习的知识或概念通过自己理解的语言完整而准确地讲给别人听。世界上公认的最有效的学习方法是输出式学习,无有效输入就无有效输出。费曼学习法以输入促输出,再以输出的不完善促输入的完善,最后实现输入与输出的完美结合。费曼学习法符合学习的本质,学习的本质是自学,自学的实现是通过输出来检验,这很符合学生的认知规律。"三学四环"中无论是"助学"还是"让学",无论是"思"环节还是"评"环节里的学生展示,都在遵循着费曼学习法。

四、"三学四环"的课堂演示

(一)"三学四环"课堂模式教学案例报告

【案例背景】

新课程改革的落点在课堂,为落实推进新课程理念,学校提出"三学·四环"的课堂教学模式。所谓"三学",即"助学、让学、互学",这是教学的原则理念,全程融入,重在务虚。"助学"是原则立场,体现"教师全程关注";"让学"是核心理念,落实"学生全程参与";"互学"是价值取向,实现"师生共同成长"。所谓"四环",即"引一思一评一结",是课堂的流程环节,全面落地,重在务实,"引",是导入新课、提示目标、预设问题;"思",是体会思考、讨论交流、发现问题;"评",是自由展示、点名提问、解决问题;"结",是收束归结、迁移应用、拓展延伸。"三学"是方向,是引领,"四环"是方法,是保障。

这一模式的有效实施在于"四环"的实际操作,为此以选修《外国小说欣赏》第七单元第二课[哥伦比亚]加西亚·马尔克斯的《礼拜二午睡时刻》为课例，重点演示“四环”的执行要点。

【案例主题】

“三学·四环”教学模式执行要点的课堂实践。

【案例描述】

课题介绍：

本单元的单元话题是“情感”，包括[美国]艾萨克·什维斯·辛格《山羊兹拉特》和[哥伦比亚]加西亚·马尔克斯《礼拜二午睡时刻》两篇课文。本案例的课题是马尔克斯的《礼拜二午睡时刻》。

小说通过一对母女去祭拜被当作小偷打死的亲人的经过，展示了母爱的执着以及神父的宽容，宣示了人性中的悲悯、生命应有的尊严。启示一个道理：“这个世界在法律之外，还有‘良知’这个东西。当法律和道德冲突的时候，良知是最高的行为准则，不是法律。”

目标预设：

按照新课程大单元整体设计的理念，本单元课案设计以“悲悯的力量”作为教学主题。从核心素养的四个维度设定学习目标：语言维度，学习抒情的隐忍与克制，即体会语句含意，品味语言艺术；思维维度，学习情感的投入与力量，即评价文本的价值判断和审美取向；审美维度，学习感动的庄严与深刻，即欣赏形象，赏析内涵，领悟艺术魅力；文化维度，学习悲悯的精神与情怀，即发掘作品的意蕴、民族心理和人文精神。

教程环节：

“引”。由孟子的“四端说”导入单元学习主题“情感”，由曹文轩“三个文学的隐喻”引出目标关键词“悲悯”，并作出阐释：情感是文学的生命，悲悯情怀是文学存在的理由，是文学的基本精神和基本情怀。

“思”。在提示学习目标后，布置整体感知的阅读任务，出示明确的任务指令，先个人自读，圈点批注，再小组交流，讨论质疑，要求留下思维痕迹、整理交流结果、准备发言提问。教师巡视、参与、指导，记录问题要点，调整预设内容。

速读，一句话概括小说内容，简要梳理小说情节，大致复述内容梗概。

圈读，小说中几个主要人物，划出“母亲”的有关描述并旁批关键词。

细读，小说中几处环境和场景细节，借助关键词简要批注其特点作用。

探究，你认为小说中的“儿子”算不算小偷？根据情节给出判断理由。

深读，阐释题目的含意，用“三二一”格式总结你的阅读感受与思考。

“评”。给足15分钟思考交流时间后，就以上问题展开讲评。逐一由学生展示自己的学习结果，对别人的发言予以补充纠正，教师参与、提炼、整合，最后作总结明确，并指出学生的呈现与自己的预设之间的比较意见。

在讨论小说主要人物时，以“读懂‘母亲’形象”为话题作了重点归纳分析，落实“学习抒情的隐忍与克制”的学习目标，以坚强克制悲伤、以命令克制脆弱、以执拗克制激动、以平静克制愤怒、以回忆克制痛苦、以镇定维护尊严，整合出“女子本弱，为母则刚”的“母亲”形象：贫穷、慈爱、坚强、坚忍、镇定、自尊、伟大。

在讨论小说中几处环境和场景细节时，提示使用关键词简要批注其特点作用。学生的发现与讨论表现得最充分，教师也适时对场景描写的作用这一难点作了优化整合：渲染压抑紧张的叙述氛围、奠定沉闷凝重的叙述基调、烘托人物内心的悲痛忧伤、侧面反映社会生活的贫困，并链接了2019年全国Ⅲ卷何士光《到梨花屯去》的第8题：小说中有多处景物描写，请分析其功能。

在探究“小说中的‘儿子’算不算小偷”这一难点时，师生的互动很深入，这里属于价值判断和审美取向问题，涉及道德、伦理、宗教、法律、良知，教师也准备了大量补充材料帮助学生的解读循着理性的规范。最后，关于题目“礼拜二午睡时刻”的含意，水到渠成，小说警示、唤醒的主旨内涵昭然若揭。

“结”。最后一个问题：用“三二一”(三个词语、两个句子、三个比喻)格式总结你的阅读感受与思考，随机选取学生展示并作点评，如：

> 生存、情感、尊严；
>
> “往后就是渴死了，你也别喝水。尤其不许哭”、女人不动声色地说，“我是他母亲”；
>
> 母亲呵！天上的风雨来了，鸟儿躲到它的巢里；心中的风雨来了，我只躲到你的怀里。

教师也呈现自己的预设：

> 法律、道德、良知；
>
> 人的四大自由：言论、信仰、免于匮乏和免于恐惧；有人挨饿不仅是私人的事，而是被剥夺了基本权利，改变的责任属于每一个人。
>
> 愿我们的世界充满爱和希望，人与人之间就像一束光簇拥着另一束光，用悲悯之光共同照亮你我生存的路。

课后阅读推荐：鲁迅《人类的悲欢并不相通》、熊培云《这个时代需要温和而坚定、悲悯而宽恕的力量》《守住良心的“一厘米主权”》。

(二)“三学四环节”课堂教学模式评价表

"三学四环节"听课评价表

时间________ 班级__________ 学科__________ 课题____________ 授课老师__________

原则	流程·环节		基本内涵·核心要素		执行要点	评价指标	赋分		打分
助学 让学 互学	引（导·问）	5′	导入新课	过渡·衔接·激趣	复习导入、情境导入、实验导入、故事导入、音像图文导入。 导入不繁琐，不拖沓，适当新颖，激活思维，引发学习欲望。	导入是否恰当新颖	3	15	
			提示目标	重点·难点·考点	分解落实学科核心素养，指向准确明晰，指令可操作可检测。 符合学科、课型、课题、课时等不同类型与层级的目标要求。	目标是否明确可行	6		
			预设问题	内容·方法·标准	知识问题化，问题前置化，预设有梯度，是什么、为什么、怎么办。 配发导纲，给予思维支撑、方向引领、学法指导，定时间，定要求。	问题是否真实具体	6		
	思（思·议）	10—15′	体会思考	观点·理据·逻辑	独立诵读体验、演算推导，圈点批注，整理并让结果视觉化。 教师耐心，安静，放手，避一避、躲一躲，不干扰、不妨碍。	教师是否存在干扰	5	30	
			讨论交流	未知·困惑·求异	提出个人见解，伙伴交流探讨，同桌前后左右，自成小组，全员参与。 讨论有结果有发现有提问，形成小组意见，推举小组代表，准备展示。	学生是否全员参与	15		
			发现问题	倾听·参与·发现	听取、吸纳学生观点意见，调整、细化预设的问题，及时完成二次备课。 组织指导，维护秩序，发现问题，思考备课内容，调整上课方案与进度。	教师是否发现问题	10		
	评（展·评）	20—25′	自由展示	发言·交流·点评	学生展示交流，先小组代表，后自由展示，有点有面，即时点评，归纳提升。 学生展示过程中，教师不打断、不干预，难一难、憋一憋，多肯定，多激励。	发言是否有点有面	10	40	
			点名提问	关注·追问·鼓励	适时跟进追问，把握、主导课堂走向，保持课堂思维活跃度、专注度。 关注弱势个体，提名沉默的小部分，及时鼓励指导，提高课堂参与度。	教师是否点名关注	15		
			解决问题	讲解·生成·结果	教师要不惮于讲解，必备知识、关键能力、思维支架、考点考向、课堂生成。 没有讲解的课堂是不负责任的，没有融合生成内容的讲解是对学生的不尊重。	讲解是否融合生成	15		
	结（理·练）	5′	收束归结	整理·提要·重申	问题解决有结果，学生整理在先，教师重申在后，明确呈现形式，突出目标重点。 编筐编篓重在收口，精要的课堂小结是教学内容内化的契机，是目标达成的点化。	总结是否学生在先	3	15	
			迁移应用	达标·致用·测评	学以致用是教学的终极目的，就课堂目标的重点难点考点，当堂即时小训练。 目的可以是形成性或测评性，形式可以是口头或书面，但区别于课后限时练。	应用结果是否达标	10		
			拓展延伸	预留·提升·探究	高质量的课堂是不完全的，要留有提升空间，指示拓展视界，激发探究欲望。 可以包括资源链接推介、探究方向提点，新课预习提示，预示开放的课程链。	预留指示是否明晰	2		
评语	听课人：____________						（总分）		

第三节　教研靠机制

教师教研工作必须解决三个问题，即研什么？为什么研？怎么研？

一、研什么

英语组“一课一研”现场

对于这个问题，主要分为三个层次：研课堂，研试题，研课题。研课堂，主要是学校通过“一课一研”的形式，利用每天上午学生集体做限时作业的一节课时间，以备课组为单位，开展集体备课。研试题，不仅要利用集体备课等时间对每天的限时作业进行讨论，还要对高考试题进行分析，对命题技术、命题方法和试题分析方法进行研究。研课题，主要是指学校积极鼓励教师参与各级各类的课题研究。

二、为什么研

学校为什么会把“研课堂、研试题、研课题”确定为主要教研内容呢？

因为课堂是主阵地，课堂效率直接决定学生学习的效果，高效课堂是学校最迫切的追求，所以有必要把常态化研课堂作为教师教研的最主要内容，坚持不懈，决不放松。试题是检测学生学习效果的直接抓手，试题研究既是课堂教研的一部分，也是课堂教研的深化。课题是对教学中的问题进行系统化研究，通过课题研究，既可以拓展教师解决问题的思路，优化教师解决问题的方法，也可以有效提升教师的理论水平和思考能力。课题研究是教师专业化成长的必由之路。

三、怎么研

如何开展教研是关键。这涉及教研的基本方法和机制保障两个方面的内容。

(一)教研的基本方法

研课堂的基本操作方法在本章第一节“教学有模式”中已作阐述。对于研试题，主要是试题分析，目前主要采取数据对比法。期中期末成绩采用学校与其他几所固定民办高中联考的数据，与固定学校长期联考，这不仅便于同学科之间的校际比较，而且还便于校内不同学科之间的比较。平时限时作业和单元检测数据收集主要采用学校引进的极课系统，与一般的网上阅卷平台不同，在这个系统上，学生主观题不需要扫描，教师可以直接在试卷上批阅，然后再扫描，学生可以看到教师的主观题批阅步骤。当然，根据扫描数据跟踪分析给出错题归集，是所有这类系统下一步需要完善的方向。对试题本身的科学性、新颖性以及区分度进行分析，这主要涉及试题的命制，命题技术和命题方法研究，是当前各类学校普遍存在的突出问题，需要系统培训、长期坚持，这个问题在下一节有关教师培训部分再作阐述。

课题研究主要分为德育和教学两个方面，学校主张课题研究方向务必结合学校实际工作，结合学校正在不断加强完善的问题，以及可以形成自己办学成果和办学特色的实际工作，目前学校德育合肥市级课题《中华优秀传统文化教育的实践研究》(课题编号 HJG18027)已经顺利结题，安徽省级课题《指向学生自主学习能力培养的高中课堂观察研究》(课题编号JK20094)已经获得立项并正在推进中。对于课题研究,学校主要鼓励部门或骨干教师、首席教师牵头,吸引年轻教师参与,引导年轻教师在课题研究中稳健成长。

(二)机制保障

教研的基本方法相对微观,在学校层面主要工作是确定基本思路。各学科、各备课组以及每一位教师在长期教学过程中会形成相对个性化的研究方法,学校应该创造条件予以鼓励和支持。同时,学校应该在教研的机制保障上主动创新,并给予经费保障。学校主要在以下三个方面努力做好机制和经费的保障。

1.明确组长的职责和权利

无论是过去还是现在,有一些学校的备课组长和教研组长的岗位职责比较模糊,岗位津贴少到可以忽略不计,他们的工作主要是上传下达,开会、发通知,在大型考试的时候组织一下命题和阅卷统分工作。而随着联考和网上阅卷的普及,命题和阅卷统分工作正逐步淡化,而对于平常最重要的教研组织工作,常流于形式。

为此,学校要想务实推进教研工作,切实提高教学效率,必须首先改变这个现状。具体而言:学校要细化组长的岗位职责,把教研组织工作放在优先推进的位置上;要给组长对教研组织工作赋权,包括教师招聘录用建议权、教师日常评价决定权和评优评先建议权等关键权力;要对组长的岗位津贴进行量化设计,可分为日常工作、教研组织工作和结果评价等方面,既强调过程的组织效率,也关注结果的考核,考核结果涉及组内全员的绩效。组长的岗位津贴应该在原有标准的基础上大幅度提升。责任权利的一体化设计不仅强化了组长的岗位作用，更为重要的是激发了组员的积极性，组内成员愿意合作、主动合作是教研工作的基础。当然，组长的选聘要充分考虑学识和人品，备选教师在组员中要有威望。备课组长和教研组长是学校一线教学管理人员，他们的状态和能力直接决定着学校教研工作的成效，直接影响着学校教学工作成果。

2. 突出示范引领作用

学校不同于一般企业或行政机构，仅靠组长的“权力操作”和“利益驱动”很难保持长期的均衡稳定发展，还需要针对教师群体做多元化的评优评先设计，突出其引领示范作用。学校在以下两个方面进行了探索。首先，在校内推选首席教师、骨干教师和新秀教师等先进个人，获评教师享受不同标准的月度奖金。政治表现、教学基本功和工龄等作为基本条件，教学成绩、学生评价和同组教师评价、组长评价等作为量化依据，同组教师和组长的评价占一定权重，这两个评价直接关系教师平常教研的合作意识和配合程度。其次，鼓励教师积极参加校内校外职称评审。职称是教师专业化发展的显性标志，不同职称对应着教师的专业水平，也应该赋予教师相应的职称待遇。

学校办学时间短，不少招聘进来的有着多年教学经验的教师由于长期在其他民办学校工作，而一些民办学校的薪资设计的依据主要是课时津贴，不重视教师的专业化发展。因此，学校为这部分教师设计了校内职称评聘标准，对他们过去的工作经验予以认可，鼓励他们积极投入教研教学。更多的则是鼓励教师们参加由市教育局和人社局组织的国家认可的职称评审。这两种职称只要教师们取得相应的教学和教研成果，学校都予以相应的待遇。在组长的组织推动下，教师全体受到各类评优评先的激发，接受多元主体的示范引领，在经济待遇和组织管理的外驱力和优秀群体追求卓越的内驱力的双重作用下，教研氛围不断受到激荡，教师参加教研的活力也能够长期保持。

3.强调及时检查反馈

三分部署七分落实，而落实必须辅之以系统配套的检查反馈制度。学校主要有三类教研检查办法。

(1)每日每周常规检查

这主要是针对教师每日集体备课和每周听课的检查。教务处每日在教师“一课一研”的时间到场巡视记录，对各人备课记录进行简要登记，保证人员按时到岗、足时参加以及完成基本任务、基本流程。各组教师的每周公开课按时上报，按时公示，教师听课按时到位，听课笔记即时传到系统并每周登记公示反馈。

(2)考试检查反馈

对平时的限时作业网阅次数、是否符合基本标准、是否按时完成等情况进行记录汇总反馈，单元检测和期中期末考试结果也是作为对教师和教师所在的备课组的阶段性反馈。以上这些检查所形成的数据都可以作为评价教师和备课组的重要参考。

(3)引进第三方诊断式检查

受教务部门行政人员的专业水平和教务部门管理人员学科局限等客观情况的制约，学校的常规检查往往不能发现深层次问题，检查结果有时不能给教师带来很好的指导，更多的是起到常规监督作用。鉴于这种情况，学校邀请第三方资深教师来学校进行深入调研，对教师的备课是否深入、模式运用是否恰当、新课程方向是否游离、首席教师等优秀教师是否真正起到率先示范作用等方面进行诊断。他们通过推门听课、浏览听课笔记、翻阅教案、抽查限时作业命制等方式，对学校各组进行全面诊断，这种诊断结果有利于学校管理者更加准确了解教师的教学教研现状，有利于教师更全面地认识到本备课组、教研组的教研方面存在的问题，为下一步改进调整做出更加科学的指导。

第四节　师培多元化

在教育改革不断深化的新时代，教师培训显得越来越重要。教师队伍的稳定性问题是民办学校发展的头等大事，教师待遇和教师培训也是教师队伍稳定的两大保障。从某种意义上来说，教师培训也是教师待遇的一个方面，教师常态化获得有价值的系统培训是教师的福利，教师培训是教师专业化发展的基石。而现实情况是，有些民办学校对教师培训工作不重视，或是不得法、不系统，导致效果不理想。民办学校更应充分利用自己的体制机制优势，投入相应的经费预算，对教师培训工作进行系统规划，多元推进。

北大王碧波教授来校讲学

建校五年来，学校始终把教师培训工作作为立校之本，教师培训工作贯穿于办学全过程，不仅重视编制教师培训规划，还重视每年的教师培训计划。学校教师培训工作呈现以下三个多元特点。

一、培训对象多元

不同的教师群体应该对应不同的培训方式和培训内容，这样才能做到“因材施教”，有的放矢，事半功倍。学校在做教师培训规划时，把教师培训对象分为新入职教师、班主任和其他常态教师三类。新入职教师分为应届大学毕业生和有工作经验的教师；班主任常态化培训是教师培训的一个非常重要的板块，在第一章第二节“班主任之责”中作了具体总结；其他常态教师是学校教师培训的主要对象，是教师培训的主体人群，这个主体人群又可以大致分为共性的常态化培训、参加职称评审所需要的各种培训、学校为主动要求提升自我的教师提供的特殊培训这三类。

二、培训方式多元

对不同的培训对象要求采取不同的培训方式。教师培训方式主要有上级教育主管部门组织的各类培训、外出考察学习和校本培训。

现在不少地方教育主管部门组织教师培训没有把民办学校纳入其中，而《中华人民共和国民办教育促进法实施条例》已经明确要求各地教育主管部门在编制教师培训规划时要同等对待民办学校与公办学校，让民办学校教师享受与公办学校教师一样的教师培训待遇。合肥市在五年前就把民办学校与公办学校在教师培训、教师职称评审、课题申报等很多方面放在一起规划，同等要求。学校自办学以来，要求全体教师不折不扣地参加市教育局组织的任何一种教研活动和培训活动。

学校将外出考察学习也列入教师培训规划中并常态化开展，每年至少组织一次教研组长集体外出考察学习、每年在 12 月份组织所有班主任外出参加培训，根据情况每年灵活安排备课组长、骨干教师、名师工作室成员等外出考察学习。

校本培训是最主要的一种教师培训。校本培训之所以重要，就是因为校本培训主要基于本校教师存在的具体而实际的问题，针对性强。学校在做校本培训之前，都会做一些基本的调研，了解教师当前最急需解决的问题。现在有不少教师培训公司推出教师培训服务，供教育主管部门和一些学校选择，但是由于公司运营所面向的群体从而决定了服务是普适性的，不少专家报告理论性太强，不适应实际教学工作，教师们真正欢迎认可的专家比较少。而且，那些培训课后给教师们发的调研问卷，往往只是一个形式，这就造成培训工作的低效。

皖智教育集团下属皖智研究院也有个关于中高考教师培训项目，主要针对初三和高三教师。早年偏重聘请那些在全国或地方比较有名气的教研人员，参会的教师反馈不少教研人员的报告不适应本校实际，对参加中高考学生的具体问题不能切中核心，对初三、高三教师的困惑给出的建议往往空泛不具体，提出的指导缺乏具体针对性。由于该项目是商业性的，学校交费，教师们从全省各地赶到合肥，他们是带着非常具体的诉求来的，因而他们的反馈快速且直接。后来做了调整，选聘那些长期扎根于中高考课堂而又对中高考命题有理论研究的一线教师作为主讲专家，他们的报告既有理论高度，更有现实针对性，能解决教师具体之困，且效果立现。当然教研人员在地方的教研规划、新课程工作推进以及新教材研究和新高考研究等方面作用还是不可替代的。

回顾学校近几年来组织的专家讲座，总体上来说得到了教师们的认可。为什么要说这些？因为我们发现现在不少学校开展校本培训工作的形式主义之风盛行，平时校内很少开展校本培训，只在暑期根据教育局要求象征性地开展一下，往往在开学前，上报是一周，实际上掐头去尾，匆匆而过，对教师们真正想听的专家报告不做调研。这种校本培训之风不能在民办学校蔓延。假期校本培训是个重要节点，必须精益求精，严谨制定方案，根据教师们的实际需求研制校本课程，但是更关键的培训还是在平时。

学校对教师业务能力培训的另一个抓手是以考代培，研究高考的直接推动力是自己“下题海”，与学生一起参加考试。学校要求所有教师参加由市教育局组织的高三三次模拟考试，推动教师平时必须关注高考、研究高考、体验高考，同时暑期校本培训的一项重要内容是做高考题。

三、培训内容多元化

对于新入职教师，除了必须对他们进行学校各项管理制度解读培训之外，班主任基本技能、学校的教学模式和教育心理学也是培训的重点内容。班主任工作是教师专业化发展过程中不可或缺的一环，所有老师都必须有班主任任职经历，这是教师职称评审的一项重要条件。因此，对于新入职教师尤其是没有带过班主任的教师而言，班主任基本技能培训必不可少。

除此之外，教育学、心理学不仅是所有教师必须掌握的基础学科，更是需要班主任熟稔于心的学问。教师们在大学期间都学过教育学、心理学，但是过于理论化。学校在培训教师时，更多的要精选典型案例，教师之间可以分享具体体验，把抽象的教育心理学知识内化为具体可操作的教育方法。

总而言之，教师培训内容应以提升教师做题能力为切入点，坚持不懈把提升教师业务基本功作为教师培训的一项常态化工作，同时，教育学、心理学培训必须一以贯之。这两项培训,一个是培训教学基本功,另一个是培训教育基本功,基本功的重要性不言而喻。

不仅如此,"三会"和"三新"培训也是教师常态化培训的重要内容。

所谓"三会"就是指导教师会写论文、会命题和会课题研究。

教师作为教育教学研究者,写文章是基本功之一,但是不会写文章、不会写论文是中小学教师普遍存在的现象。意识到这个问题,学校就应该给教师在这方面进行培训指导。以笔者为例:在安徽师范大学攻读教育硕士期间,我读的是教育管理方向,班级同学几乎全部是中小学的管理人员,但是在此之前很少有人发表过论文,而硕士学位的取得,要求必须发表论文,因此,发表论文是毕业前的一件大事。于是,同学们纷纷摩拳擦掌,跃跃欲试,但几个月下来不见有刊物采用。后来导师兼班主任孙德玉先生给我们专门上了一节关于如何撰写论文的课。记得孙老师说我们这些来自中小学一线的教师和管理人员,不宜写理论性的文章,因为这类文章需要深厚的理论素养以及系统的阅读和训练,这显然不是我们的强项,我们写的所谓的理论性文章,杂志社一眼就能看出问题,不会采用。如果我们把在攻读教育硕士期间学到的理论与我们在教育一线中经常遇到的问题进行融合,写出来的文章解决实际问题,无论是对中小学教师还是对教育研究人员而言,都具有很好的参考价值。孙老师还就如何融合、如何选取案例、如何选题等技术层面给我们做了具体而细致的指导,亲自给很多同学批改稿子。在孙老师的指导下,我们班同学不断收到稿件录用通知书,有的同学甚至一个月发表好几篇。我也是在孙老师的指导下,开始发表各类教育文章。受此启发，学校把教师会写文章纳入教师培训内容，并得法有效。

教师会命题更是毋庸置疑，但是事实告诉我们，大部分教师是不会命题的，教师经常讲解试题、分析试题的现象掩盖了教师不会命题的真相。为此，皖智研究院与一些省内名校开展合作命题项目，在这个过程中学校发现这些名校的很多教师命制的试题不合命题的基本标准，而这些教师都是学校领导亲自选出来的骨干力量，这有点令人匪夷所思。不过这就要求学校自己研制具体命题技术和方法，在每次合作命题之前，给命题教师做一次临时培训，不少名校教师经过培训之后会有种“原来如此”的感悟。命题是一门技术，选题、组题、改编题、原创题都需要具体的技术支撑。合肥市高考前三次模拟质量之所以明显高于其他地市教研室组编的高考模拟题，这与教科院经常组织命题专家给参加高三模拟题命制的教师进行系统的培训密切关联。因此，培养相对成熟的教师队伍，命题培训是当然选项。

课题研究主要针对教师骨干而言，如何结合实际进行有效选题、如何遵循问题导向以及课题研究的方法等，需要聘请省市教研专家给予具体指导和培训。

“三新”就是当下各级教育主管部门正在大力推进的新课程、新教材、新高考改革。“三新”是国家战略，学校必须积极参加教科院组织的关于政策解读、课程建设、课程组织管理、教学改革、考试评价等研修模块培训，并根据自身条件，稳步推进，把教学管理人员参加上级培训的信息通过适当的方式给全体教师做培训。这方面的培训工作目前还处于起步阶段，学校的认知和意识必须跟得上，改革时代的主旋律不能缺少民办学校的音符。

第五节　队伍须凝聚

教研工作的深化离不开教师队伍建设。教师队伍建设是学校发展永恒的话题，较之于公办学校，民办学校教师队伍建设更是紧迫的现实问题，因为教师队伍不稳定这一问题一直困扰着民办学校的发展。稳定是基础，教师队伍不稳定就不足以谈论教师队伍建设。民办学校教师队伍建设不同于公办学校，体制是主要原因，但是民办学校自身的应对策略更是不容忽视。民办学校应该积极探索以教师稳定为基础的教师队伍建设策略。学校着重在三个方面开展教师队伍建设。

一、教师结构

一所新学校办学的前三年之所以很关键，是因为学校教师从无到有。虽然教师队伍的数量不难通过招聘获得满足，但是教师队伍结构很难保持均衡。本校办学之初是从皖智高复学校和皖智艺文中心抽掉部分骨干，再招聘部分三年以上工作经验的教师和应届大学毕业生充实，即便如此，前三年教师队伍每年调整幅度也比现在大。因此，一所新建学校，即使校园面积足够大，也不宜一开始就足额招生，而是应该随着教师队伍结构的不断优化逐步增加招生指标。

教师结构主要表现在年龄、性别、学历和职称等方面。在建校之初老师一般比较年轻化，教师招聘要把各个年龄段的比例作为一个尺度，切忌把应届大学生作为招聘的主体。女教师偏多是现在公办民办学校的共性特征，这显然不利于学校发展，需要采取有力措施，招聘工作要做深做细，不能简单以教师应聘得分为依据，而要结合面试情况，看男教师有没有培养潜力。经过几年的招聘办法的完善，现在学校的男女教师比例已经大体相当，这对于一所年轻的民办学校来说，这是不容易做到的。随着不断发展，学校在逐步改善教师的学历结构，现在研究生学历已近30％，我们没有刻意筛选，无论是本科生，还是研究生，只要能当教师、当好教师，一直都是我们选聘教师的最主要参考。

考虑一些学校在教师评聘方面存在的问题，学校对有职称的教师须进行考察，一般是入职一年后根据学校考核决定是否兑现职称待遇；对有经验的教师，在正式签订合同前，学校会进行尽职调查，调查其在原单位的工作表现。由于大部分民办学校教师招聘只看笔试、面试成绩，忽略对应聘教师工作表现和师德表现的考察，一批品行不端的"江湖教师"经常在民办学校中"游走"，劳资争端不断出现，严重的甚至给民办学校形象带来巨大损害。因此，学校在招聘有经验教师时，通过各种方式对应聘教师进行全面调查了解。在应届大学生招聘方面，近年学校与安徽师范大学、合肥学院等省内知名高校建立人才合作机制，增进相互了解，为招聘合适的优秀大学生搭建平台。

合理的教师结构是教师稳定的良性指标。当然，教师结构稳定并不是说教师不流动，学校须利用民办学校机制灵活的优势，建立科学的教师考核制度，适当淘汰部分不合适的教师，不断优化教师队伍。

二、学科建设

教师结构不是一种静态平衡，而是一种动态均衡。对于民办学校普遍容易出现问题的学科，更应该予以重视。根据笔者对民办高中的观察，民办高中各学校教师中流动最频繁的是数学和物理，最边缘化并疏于管理的学科是音乐、体育和美术。为什么会出现这种情况呢?一般来说,民办高中的生源整体偏弱,学生成绩不好的学科突出表现在数学和物理,这些学生这两科的成绩加在一起往往不到100分,这也就从一个侧面反映了为什么现在很多民办高中主要招收艺体特长生了。数学和物理成绩弱,不好教,教师的工作没有成就感,长此以往学校可能也会有意无意地淡化这两个学科,于是就会出现这两个学科的教师流动性强的特点,进而拉低这两科的教学水平,降低学生这两科的成绩。要想办一所优质民办高中,必须在学生弱的科目下更大的功夫,并设法予以更大的投入来解决问题。

建校以来,学校数学、物理这两个学科的教师队伍建设方面的投入远大于其他学科。这两个学科各有2位首席教师,全校首席教师仅有6位,而且骨干教师和新秀教师的评比数量也高于其他学科。学校还引进了2名公办学校的物理教师,一位是特级教师,另一位是高级教师,原来所在学校在当地都是一流名校,数学从高复抽调一名学校培养的资深教师,也是一名首席教师。学校还建立了4个名师工作室,数学和物理学科占了3个。学校的投入获得了正向回报,这两科在历次联考评比中,均位于前列,这对于我校这样的生源来说是难能可贵的。有个成语叫"迎刃而解",出自《晋书·杜预传》,原文是"譬如破竹,数节之后,皆迎刃而解"。意思是劈竹子,头上几节一破开,下面的就随着刀口裂开了,比喻主要问题都"迎刃而解"了,其他有关的问题就很容易解决。数学和物理这样"难啃的骨头"解决了,其他学科在这两个学科的示范作用下就好解决多了。

学校的名师工作室不只是开会、写总结材料、出去走走看看而已,工作室的主要职能是通过听课、评课、上示范课、做课题等比较务实的形式带领本学科教师在专业化发展方面稳健而快速成长。在建设重点学科方面，做好对其他学科的示范引领作用；在学校教学模式研制方面，精心投入，反复演练，充分论证，建言献策；在课题研究方面，积极申报课题，带头做课题，亲自指导年轻教师做课题。名师在为人、为学、为教、为研等很多方面做引领，做示范，为营造风清气正、充满人文情怀的文化校园起到了不可替代的作用。

其实，民办高中的音乐、体育和美术学科教学也普遍不容乐观，涉及这三个学科的专业课教学。有些学生不走文化课高考之路，选择这三个专业作为艺体特长生参加高考。一般的文化课学生对待音乐、体育和美术课程与艺体特长生的专业课课程有着本质的区别。艺体类专业课课程对师资的要求比较高，一般学校招聘的艺体类教师大多数很难胜任高考专业课教学，如果想要招聘到合格的应对高考专业课考试的教师，那么这些教师不仅工资待遇远高于校内文化课教师，还需要投入大量管理精力。因此，有些民办学校一般会选择与艺体培训机构合作，教师前期进入学校教学，后期学生整体到机构集训，这样学校既省去专业课投入，也省去后期集训期间的投入，但长期这样的话，校内的音乐、体育和美术教师队伍就会得不到重视，虚化、弱化现象不可避免。

胡爱兰名师工作室

我校在办学之初就意识到这个问题并设法竭力规避，由于我校的生源质量相对于其他民办学校来说处于前列，所以选择艺体之路的学生比例较低。对于相对较多的选择美术和体育的学生，学校自己招聘教师进行专业课培训，自己管理，通过已经过去的三届高考情况来看，录取情况非常理想；选择音乐专业的学生相对较少，学校遴选机构进行有限合作，校内两位音乐教师承担大量的基础课教学，仅在集训期间到机构去学习。学校的这种做法，既为家长省去了许多投入，学生也不用经常往返于学校和机构之间，节省了时间，提高了效率。而且，这三科教师也受到了尊重，工作更加富有激情，没有出现音乐、体育和美术教师在学校被边缘化的问题。学校是切实把音乐、体育和美术当作重点学科来建设的，这既符合国家的导向，也切合学校教学的实际。

音乐、体育和美术学科教师不好管理，似乎是业界共识。学校认为其原因首先是一些学校在心底深处并不重视所谓的"小三科"，认为他们无足轻重；其次是没有研究这三科的管理方法；最后就这三科教师的平均待遇一般低于其他文化课学科的教师。

针对这三个方面，在艺体生分流方面，学校把音乐、体育和美术学科放在与高考学科同等重要的位置上。而且，在艺术节、体育节等重大活动和每日三操、社团活动等方面充分发挥这三个学科教师的作用，让他们有事做；同时，针对这三科教师上课的特殊性，学校行政管理和教务管理进行专项关注，对学生易迟到、上课纪律易出问题、下课随意以及教师备课、上课、教研等方面，进行专项研究。学校经常召开音乐、体育和美术学科专题会议，上下聚焦，出台具体细致的举措，量化考核，有效规避这些容易出现的共性问题。再者，在专业课课时费用上，这三科课程要与文化课区别对待，要让这三科教师的待遇水平不低于甚至高于学校教师待遇的平均水平。

在新时代背景下，做好音乐、体育和美术教育，既是"面子"，也是

“里子”。

三、薪资设计

民办学校的教师流动性主要源于工资待遇问题，民办学校应该把教师的薪资问题放在第一重要的位置上。民办学校举办者跟教师不仅要讲情怀，还要讲薪资。薪资保障是对教师的基本尊重。怎么发和发多少是一个问题的两个方面。现在有些民办学校采取高课时费而其他方面低标准的薪资设计策略，这种薪资设计的弊端十分明显，不利于教学任务的合理分配。这种设计对于学校来说，比较方便安排教师多带课，语数外大科教师带三个班课的相当普遍，教师没有精力进行深度备课，无暇顾及与学生沟通交流。长此以往，教师高负荷工作，而教育教学的效果却不好，虽然学校实际上减少了投入，但是教育教学的质量不能得到保证。这里可能既有举办者节省投入的因素，也有应对因教师流动而导致师资短缺的情况。笔者认为，公办学校采取的工资办法相对比较合理，因此参照公办学校工资结构思路，我们学校制定的工资结构及其工资标准，除了课时费外，教师的工龄、校龄、学历、职称、住房补贴、生活补贴等都纳入工资结构。与公办学校不同的是，各个细分项的标准不同。结构工资的主要好处是教师在满工作量之后，不会抢着去多带课，学校会按照满工作量标准足额配备教师，而且可以区分不同年龄段、不同职称以及学校评优评先称号的待遇差异。

夏杰祥名师工作室

自从国家给公办学校教师增发一次性奖补福利之后，民办学校普遍感到压力骤增，民办学校教师出现成批报考公办学校编制的现象。在这种情形之下，学校迅速作出调整，主要在两个方面作出决定。一是学校对教师考编考公持开放态度，但是必须签订考编考公补充协议，三年只准参加一次，如果突破次数自行离职，这也是基于省城现在考编考公激烈的竞争形势考虑，既然如此难考，就要准备充分了才去考。二是调整待遇，主要是在原来工资结构之外增加项目：首先是给予每位教师连续"三年涨"，每年每月增加 500 元，三年后每人每月增加 1500 元；其次是调整课时费标准，并把高三年级区分开，高三年级教师的课时费高于高一和高二年级，确保高三年级的稳定；最后就是推出班主任评级制度和校内职称制度，并增加骨干教师、新秀教师评比数量，让优秀教师收入凸显出来，稳定优秀教师队伍是至关重要。推出这三项举措之后，学校的教师队伍没有出现大的波动，优秀教师流失很少，而且在这期间，学校还引进了几位公办学校教师，这在一定程度上增加了我校教师长期在民办学校工作的信心。

第三章 管理即教育

本章五节全部采用并列的表述方式。管理的本质主要是处理关系。治理和管理、选人和用人是学校建立和发展的前提和基础，是学校管理的优选项，放在第一和第二的位置。行政工作、后勤工作属于综合办工作范畴，也是对全体教职工的服务工作，是行政管理的具体落实，放在第三和第四位置。而管理的效率主要表现在执行力上，因此建立健全执行机制显得尤为必要。

第一节　治理和管理

管理学有治理和管理两个层面的涵义。一些管理学著作对此作了专门论述。治理侧重于对一个法人单位的责权的合理安排和制衡，管理主要是指法人单位内部的决策、目标、规划、计划、评价等运行过程。治理的施行主体主要是举办者或实际控制人，管理的施行主体主要是举办者或实际控制人对法人单位的管理者进行委托授权。一所良性运行的民办学校，必须明确治理模式，分清管理责任和权利，厘清治理与管理的关系。

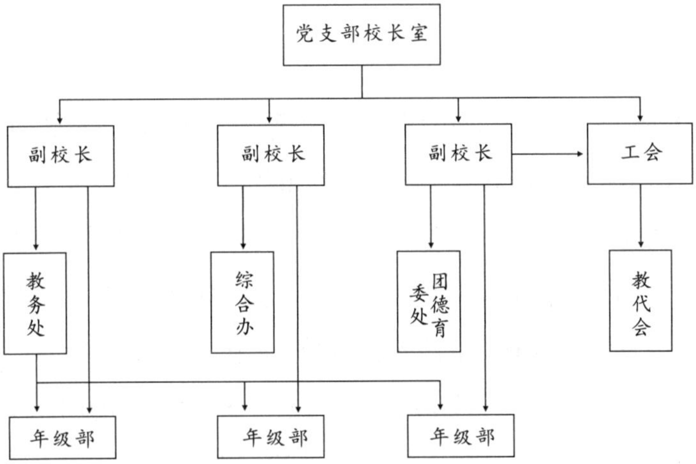

三横三纵关系图

学校的治理模式是集团总部治理下的校长负责制。校长、副校长由集团总部任命，对集团总部负责；相关中层干部由学校推荐、选拔报集团总部任命。学校的人员招聘、基建、财务由总部相关部门负责，食堂、超市由总部下属公司直接管理,学校负责日常监督。目前,这种治理模式有利于学校集中精力抓教育和教学这两个主体的工作,提高管理效率。

在皖智中学,校长既是举办者之一,又是法定代表人。这一点有别于不少民办学校举办者和校长分离的情况。这种举办者和管理者合一的治理特点,需要避其短而扬其长。短处是举办者担任校长往往很难亲自到教育教学的一线中去切身体验教职工的认知过程和工作困惑,对学生的学习和成长缺乏近距离的认识,在制定薪资制度时容易陷入与教职工意见对立的窘境,甚至引发劳资冲突;多重身份还使校长对学校事务不能聚焦精力,或者过于集中于学校的业务管理而对学校发展的定位及其战略决策缺乏宏观考量,并影响其对集团其他事业部的深度关注。如何避其短而扬其长呢?

一、组织架构

组织问题不能仅仅靠授权解决,如果你认为自己不懂、也懒得去管,只想找几个人帮忙料理,那么这个组织大概率会走向衰败。组织架构是行使管理的组织形式,一所学校要靠两个轮子向前跑,一个轮子是办学目标的实现,另一个轮子是配合办学目标与特定群体的组织架构设计以及组织架构内的组织人才的任用、激励等。

经过五年的实践探索,学校逐步形成了相对稳定的组织架构。它主要分为三层:第一层是举办者担任董事长的董事会,作为学校的重大决策机构;第二层是董事会领导下的校长班子及党支部委员会,作为学校日常工作运行组织以及日常管理决策组织,设一位常务副校长,除了肩负副校长的职责,还代表校长负责学校日常工作的运行,同时设两位副校长和一名专门负责党建的第一书记;第三层是三个职能部门和三个年级部。

学校根据自身情况对第三层做了探索和改进，一般民办学校的职能部门有教务处、政教处、办公室、教科室、总务处、团委、保卫科等多个，这样就导致干部多，职能分散，沟通成本高，在日常工作中容易发生扯皮推诿现象，影响工作效率。学校根据主要群体为教师和学生的特点，把职能部门分为三个，即德育处、教务处和综合办。具体分工是：将一般学校的政教处和团委合并为一个部门，德育处副主任兼任团委书记，便于学生工作的统筹并进；把一般学校的教务处和教科室合并为教务处，兼具教科室职能；将办公室、总务处和保卫科合并为综合办，一般学校的这三个部门的职能性质主要是保障部门，合并在一起便于统筹学校的服务保障体系。由于学校规模不大，不宜把职能部门与年级部彻底分开，学校让教务处这个业务核心部门与年级部全面融合，具体人员配置将在下一节"选人和用人"里介绍。三位副校长每人分管一个职能部门，同时分管一个年级。另外，学校工会和教代会属于党支部委员会领导下的群众组织。前面提到，学校的人员招聘、基建、财务由总部相关部门负责，食堂、超市由总部下属公司直管，学校负责日常监督。综上，学校的日常运行主要就是两个层级，校长室属于第一个层级，三大职能部门和三个年级部属于第二个层级。一般像我们学校这样的规模，年级部属于职能部门的下设机构，而规模较大的学校年级部是独立于职能部门的。年级部属于职能部门下设机构的学校，多了一个管理层级，决策执行的层级越多效率会越低。年级部独立于职能部门的学校，也容易出现职能部门虚化、部门繁多而影响工作效率的问题，这也是现在不少"超级学校"组织架构反复变化的一个重要原因。

组织架构形成的同时，学校须根据组织架构的特点，制定了一系列管理制度，通过成体系的管理制度实现学校的办学目标。学校先后制定了《教师管理制度》《班主任管理制度》《综合管理制度》三大制度系列，每个系列里分很多配套制度，形成了一个相对完整的、紧密相连的、相互协调的制度体系。

二、工作方式

因为人的时间和精力是非常有限的，所以在组织架构下选择合适的工作方式是提高效率的基本方法。校长在学校开展工作主要有四种方式。

第一种是经常在校园内巡视。目之所及，用手机拍摄或在备忘录上分类记录，后勤方面的事务直接拍照发送至后勤管理群，德育、教学方面的事记录整理后发给分管校长或提交校长办公会后进行研究。

第二种是每天阅览干部日志和干部值班总结。干部日志重点查阅干部每天发现或提出的问题，值班总结主要看记录较多的班级或教师，重要问题和值班记录在当天直接沟通，或者在校长办公会上分析研究。中层干部的工作日志一般由综合办进行分类归纳，每周在校长办公会上书面提交，重要问题会议研究，一般问题由分管校长书面回复发到干部管理群。这种方式可以有效引导干部经常带着问题意识，培养聚焦问题、解决问题的能力，减少会议频率。中层干部每月召开一次集中会议，中层干部一般都是教学、管理双肩挑，工作负担重，如果像很多学校那样每周都召开冗长的干部会议，时间成本太高。

第三种是聚焦核心事务。课堂显然是核心事务之一，学校要求中层以上的干部每周至少听一节课，针对课堂中普遍存在的典型问题，每周综合办统计提交校长办公会。当然，听课作用还在于干部在听课过程中能够观察教室环境氛围布置、学生的精神面貌、下课校园里师生们的状态等情况，并利用听课机会与学生进行交流，这些都是坐在办公室里听汇报或浏览干部工作日志和值班记录所无法直观体验到的。

第四种是开好校长办公会。校长办公会每周一例行召开，这是学校所有会议中时间开得最长的，一般在两小时左右，有时甚至三四个小时。除了分管校长做一周总结和下周工作安排汇报外，校长办公会的重点是针对干部日志以及会议中提出的问题进行深入讨论，反复论证，给出解决思路或解决方案。学校日常管理的决策主要通过校长办公会来落实，校长办公会之后由综合办根据会议记录拟会议简报，发到全体教职工群和干部管理群，让全体教职工及时了解学校的重要决定和安排。

三、角色定位

学校要理顺举办者和校长的角色关系，统一两者的角色定位。有人说，公办学校建成了就是“学校”，而民办学校硬件建好只是完成了第一步，民办学校只有招到一定数量的学生方可称之为“学校”，这其实是民办学校所体现出的市场属性。

从举办者的角度来说，民办学校的生存和发展都涉及经济投入。如何摆正民办学校市场属性这个短期利益与民办学校实现立德树人的根本任务这一长远目标之间关系，这涉及举办者办学价值观；从校长角度来说，必须按照教育规律全面落实党的教育方针，完成立德树人根本任务，五育并举，办一所受人尊重的学校。民办学校一定要避免举办者和校长角色不明、职责不分的情况发生，有的民办学校举办者不是教育者，却在学校设立办公室，干着校长的事，校长只是他名义上的一种身份，实际上却不能正常履行校长职责，行使校长职权，这种情况本质上是没有厘清治理和管理的关系。

第二节　选人和用人

选人和用人是管理学中的一项重要内容，是管理实践中不能回避的话题。这里的"人"指的是干部或管理人员，具体到中小学就是校级干部和中层干部，在本书主要指中层干部。毛主席说："政治路线确定之后，干部就是决定的因素。"干部选拔和任用的重要性可见一斑。

民办学校有独立的人事权，在选人和用人的机制方面不同于公办学校，这是民办学校办学机制可以探索实践的一个重要方面。

一、选人

如何选人涉及选什么人和怎么选人两个层面。

(一)选什么人

学校一直坚持中层干部必须从班主任队伍中选拔，因为班主任是学校的一线管理者，班级管理是管理实践中的核心要素。在本书第一章第二节"班主任之责"中提到："班主任不仅是教师群体中的主要成员，更是肩负着很多班级管理责任，是学校德育工作的一线管理者，是学生与家长、学生与学校、学生与教师、家长与学校、家长与教师、班级教师与教师等诸多关系的沟通者与协调者，也是各种利益诉求的聚焦点和各类矛盾冲突的交汇点。"融入关系、协调关系、处理关系是管理干部的基本功，而班主任工作的难点正是应对和协调多种关系。

确定在班主任群体中选拔这个前提之后，选拔能够胜任中层干部的优秀班主任是关键。并不是所有的优秀班主任都能胜任中层干部，学校在选拔优秀班主任担任中层干部时主要参考三个方面因素：有向管理岗位发展的主动性，性格底色的稳重性，具备长期坚守管理岗位的韧性。“想干事，能干事，干成事”是选拔干部的三条原则。“想干事”就是有往管理岗位发展的强烈愿望，意愿不强的班主任显然不宜选拔；“能干事”依靠的是干部的稳重性格，面对错综复杂的管理对象，干部若性格急躁必然失度，教育对象的特点决定着教育管理的基调宜缓不宜急，宜缓不宜急是一位教育者能否走远的基本性格品质，当然一些事务的处理另当别论；“干成事”的干部必须具备长期坚守管理岗位的韧性，人才不稳定是不少民办学校的“通病”，而干部不稳定更是大忌，但凡真正的优质民办学校都有一个共性——干部优秀且稳定。学校能够提供“稳定”的条件后，选拔具备长期坚守管理岗位的韧性的干部就是当务之急。这种韧性不仅表现在有着长期坚守管理岗位的专注力，还表现于对民办教育的价值认可及对所任职学校的情感归属。

以上选拔的中层干部主要是年级主任、副主任和德育处、教务处主任，学校还设置一类属于保障类的纯行政类中层岗位，分管后勤的、教务事务的设置副主任岗位，为教职工提供及时优质的服务。这类干部主要从行政人员中选拔，在参照上文干部选拔基本原则的前提下，对这类干部的选拔学校不唯学历甚至完全不看学历，主要看能不能吃苦，有没有服务意识，是不是以校为家，以及是否具有积极协助部门主任的合作精神和迅速有序处理各类事务的能力。

无论是从班主任群体中选拔的中层干部，还是来自行政人员中的中层干部,学校都坚持一个共同的原则:不选"聪明人"。明代思想家吕坤说过:"深沉厚重是第一等资质,磊落豪雄是第二等资质,聪明才辩是第三等资质。""聪明人"好走捷径,难以成就事业,而教育是慢工细活,长期坚持才能出成果,脚踏实地才是教育者和教育管理者的最大捷径。

(二)怎么选人

选什么人与怎么选人实际上是难以完全区分的,上述关于优秀班主任和优秀行政人员的标准,就包含了怎么选人的方法。把选什么人和怎么选人分开,主要是为了提供两种思维方法,让选拔干部这个问题有更加系统的分析。

独立来说,怎么选人的一般做法是根据工作成绩和多方推荐来选,班主任的工作成绩无疑是各种考试的排名,多方推荐主要是民主测评。但这两种量化的方法难以选出体现学校在选拔优秀班主任担任中层干部时主要参考的三个方面因素,因此,工作成绩和多方推荐只能作为选拔干部的参考条件,主要还看另外两个方面。

一是工作时间,时间是最好的检验。学校把"具备长期坚守管理岗位的韧性"作为干部"干成事"的对应品质,干部在皖智工作基本上是五年以上,校级干部多有十年或近十年皖智工作经历。没有一定的时间沉淀,难以形成强烈的情感归属感,没有归属感的干部是没有温度的,没有温度的干部一定不会持久坚守管理岗位。正因为如此,皖智集团各校区一直坚持不引进干部,干部必须来自内部,即长期耕耘在一线的优秀教职工。

二是坚持选人和用人的决定权归于校长。这个决定权包括两个方面:首先是坚持谁用人谁选人原则,就是说中层副职的选拔主要参考中层正职的推荐，中层正职的选拔主要由副校长拿意见，副校长的任职主要由校长决定，这种做法主要是因为学校的各层级干部都在一线，对身边人非常了解，对谁能跟自己搭班子有自己的切身感知，志同道合是目标，情投意合是方法，目标要靠方法去实现；其次是校长的最终决定权不仅是校长这个位置的特殊性，更主要的校长如何用好这个决定权，一个长期沉在一线、对一线各项工作的推进始终处在一种观察和思考的状态中的校长，一定会对推动各项工作背后的干部进行理性评价。

当然，校长班子一定是稳固的，否则，选拔一支稳定的干部队伍就是奢谈。一所经常换校长的学校，无论是公办学校还是民办学校，办不好都是毫无疑问的。

二、用人

如何用人属于干部管理的范畴，主要涉及岗位职责设计、过程管理办法和评价制度建设三个方面内容。

(一)岗位职责设计

通俗地说，“干什么”，就是干部岗位职责的设计对象。不少干部同时兼任教学工作和班主任工作，这个不属于干部的岗位职责，干部的岗位职责是干部作为学校中层或校级干部的管理职责。干部处在不同的管理岗位上，需要设计不同的岗位职责予以对应。

学校从三个层次设计干部岗位职责：第一层是职务对应的核心职责；第二层是部门交叉职责；第三层是安全职责。拿年级部主任这个岗位来说，鉴于学校规模特点，三个年级部主任同时兼任教务处主任和副主任，年级部主任这个岗位的职责就是核心职责，而教务处主任或副主任的职责则是交叉职责，这是一个层面，年级部与德育处、综合办也有交叉职责，这是另一个层面。两个交叉职责的层次不能混淆，要清晰设计，否则容易出现职责不明、部门推诿的问题。但是，教务处这个部门可能就会出现弱化问题，为此学校在教务处设置一位专门负责行政工作的副主任，再分配两位行政人员，专门负责诸如招生、学籍、课表、考试、教学常规检查、课时计算、档案等大量繁琐的事务性、服务性的工作。"双新"研究、试题研究、课题研究以及日常的学科组管理等专业性方面的工作，由分管校长统筹，动态分配给教务处主任和副主任。安全职责是所有干部必须担负的基本职责，尤其是年级部这个一线管理部门，必须与学校签订安全责任状，切实担负起一线管理的安全职责。

（二）过程管理方法

"怎么干"，就是过程管理办法。学校提倡精简流程的高效行政工作方式，主要有三种。

第一种是干部下一线制度。"走到一线、沉在一线、融入一线"是学校对干部的基本要求，把干部下一线作为管理干部的一项基本制度。下一线制度主要是抓课堂管理这个核心要务，每一位干部包括校级干部每周都有听课、参加备课组教研的量化任务，通过走进课堂、走近教研，切身体验课堂教学模式的落实情况和"一课一研"的实际效果，并且利用课前课后和学生们沟通交流，全面了解学生的学习、生活情况。下一线执行情况每周由综合办汇总，提交校长办公会审核。

第二种是精简会议制度。学校出台专门的会议管理制度，对年级部会议、全体教职工会议这样的大会，严格控制次数，原则上一个月至多开一次，事务性、一般信息等均通过 QQ 群发布；除了开学和学期结束大会，平时大会不得超过一个小时，每位干部发言一般不超过10分钟，并提前把发言主题和时长发到大屏幕上，接受监督；行政会和班主任例会一般不超过20分钟，行政部门例会在不影响工作的前提下不作时间限制。

过程管理公式

1.布置+不检查=0
2.布置+检查+不反馈=0
3.布置+检查+反馈+不整改=0
4.布置+检查+反馈+整改+不评价=落实60%
5.布置+检查+反馈+整改+评价+不坚持=落实80%
6.布置+检查+反馈+整改+评价+坚持=落实100%

过程管理公式

第三种是日志和周计划制度。学校利用电子系统，设计固定模板，要求每位干部在工作日写工作日志，主要记录下一线工作落实情况、与教师和学生交流情况等。与学生交流一项又包括了与包干的问题学生交流记录，随着问题学生台账的建立，学校把筛查出的问题学生包干分配给每一位干部，并提倡每日提交一个问题。根据日志分项，每周末由综合办将日志分类汇总，提交校长办公会研究，校长办公会把问题学生汇总和干部一周以来所提问题列入会议必议项。对于心理问题严重的学生，校级干部必须跟踪了解，加强关注，多方“会诊”，及时给出意见和建议。三位副校长根据分管范围，对问题汇总进行书面回复，发至中层干部群，中层干部根据书面回复和本周工作重点，拟出部门周计划表发工作群，指导部门和教师一周工作，这样就省去了过去每周召开一次的中层干部例会。有些学校每周召开中层干部例会，每位干部都要发言，分管校长对分管的干部发言给出回应，最后校长总结，一场例会至少要两个小时，这种例会的时间成本太高，而且多是上周总结和下周计划，人多往往难以集中主题形成决策。基于这种效率低下的中层例会情况，学校在办学第二年果断取消了每周中层例会，改用现在这种形式，并每月组织召开一次中层干部会，不是每位干部都要发言，只是要求中层正职代表部门发言，且要求发言采取“三得与三失”的格式，发言者必须做充分准备，在限时的前提下用高度凝练语言进行表述。

（三）评价制度建设

“干得怎么样”，就是评价制度建设问题。对此，学校一直坚持不必过细的原则，主要是看大体、重过程、讲重点。

看大体就是不拘泥于细节量化，学校对细节问题历来非常关注，但是把关于细节的评价更多地侧重于行政人员过程考核。

重过程就是强调对干部在工作过程中发现的问题以及自己工作中出现的问题进行及时的沟通交流，达成共识并调整纠偏。干部都是在过程的历练中不断成长起来的，他们清楚地知道过程决定结果，如果把干部在平时工作中的小问题、小疏忽上纲上线，严格量化考核，势必影响干部的心态和情绪，何况他们是带领团队在工作，不仅要对校长负责，还要时刻对团队负责。

讲重点就是关注团队的成绩，这个成绩不仅包括考试的成绩，还包括各类德育活动开展情况、社团开展情况、问题学生处理情况以及学生违纪违规等情况。根据这些参考指标，由教职工代表大会代表进行评议打分，最后由校长室综合审定，给出等次。安全问题是重要参考指标，重大安全问题一票否决，排名末尾，一般性的安全问题按照影响大小赋以不同权重。评价必须与奖励挂钩才有激励效果，无论是年薪制干部还是非年薪制干部，根据考核结果都给予相应标准的奖励。

第三节 行政和服务

学校行政人员在教职工中的占比相对较大，是教职工队伍组成的一个特点。这里的行政人员是指在三大职能部门和三个年级部中没有教学任务的行政服务人员，不包含兼任教学任务的中层及其以上干部。

之所以配备占比较大的行政人员队伍，主要基于以下三个方面的实践和思考：行政人员队伍的产生和演化、行政人员的专业化要求以及行政人员的评价。

一、行政人员队伍的产生和演变

皖智中学是在皖智高复学校的基础上发展而来的，当初高复学校规模小，学生起床、就餐、巡课等都是全体教师轮流值班，值班情况每日在校园小黑板公示。虽然当时制定了值班标准和流程，但是每位教师的执行标准差异很大，越是认真值班的教师压力越大，被记录公示的班级教师对认真值班的教师意见大，认为是与他们过不去，造成教师之间的关系紧张。而学校却很难对不认真值班的教师提出硬性要求，认真值班的教师也总是觉得“吃亏”。于是，值班变成了良心活，执行标准模糊，随意性大，逐渐变成了一种形式主义，效果甚微。后来，高复学校提拔了几位干部，招聘了几位行政人员，开始实行没有教师参与的行政值班模式。皖智中学成立后，学校照搬了高复学校的这种行政人员值班模式，但是随着学校由一个年级增加到三个年级，由一个综合部门增加到齐全的多个职能部门，这种主要以值班管理为主要职责的行政人员也不能适应学校的发展要求了。

二、行政人员的专业化要求

部门齐全的中学要求行政人员不仅能够担负起要求更高的行政值班的职责，还要具备一定的专业化素质。

(一)行政人员高要求化

学校执行了要求更高的行政值班办法，建立了校级干部领班、中层带班和行政人员值班的三级值班模式。每周一位值周校长领班；每天安排中层干部轮流带班，中层干部由于同时肩负教学任务，有的还兼任班主任工作，精心受限，其主要职责是指导、监督行政人员值班并处理值班过程中发生的棘手问题，这在上文中略有提到；具体值班任务主要由排班的行政人员担任。这种安排不仅让中层干部集中精力处理核心事务，还为班主任释放了一些时间用于休息。同时，行政人员作为非教学人员可以剔除个人利益，且作为“第三方”的角色有利于客观公正“执法”。

班主任工作很辛苦，尤其是寄宿制学校班主任，每天晚上都要到宿舍查寝，班主任不堪重负，学校只要求班主任每周 3 次查寝，行政值晚班可以起到代替查寝之责，对当晚休息的班主任对应班级多加巡视。而且，所有请假的学生在班主任签字后还必须到值班室让值班行政人员签字，当班主任不在学校时，值班行政人员可以代替签字。

(二)行政人员专业化

行政人员需要一定的专业化素质，主要表现在三个方面。

一是值班本身的专业化要求。根据学校这种生源状况以及全封闭寄宿制的特点，决定着纪律管理在学校管理中必须起到十分重要的作用。纪律管理主体靠班主任，监督责任在行政管理，行政管理的主要方式是全程行政值班。对于多数为非教师出身的行政人员，我们为行政人员制定了完整的培训方案，对学生违纪如何判断、如何记录、如何处理等拟出详细的标准和程序，在具体值班过程中由领班和带班干部亲身指导，并每周召开值班总结会，对过程中发生的问题进行适时调整、纠偏和完善，让行政人员在学中做、做中学，不断提升行政人员的值班水平。

行政培训会

二是部门工作精细化要求。教务处的学籍管理、考试管理、“一课一研”管理、各类实验室管理、资料管理、书吧管理、教室卫生管理等；德育处的学生会管理、社团管理、各种活动管理、跑操管理、劳动教育日常管理、宿舍管理、违禁物品管理等；综合办的各类会议管理、印鉴管理、文件管理、档案管理、安全管理、绿化管理、员工入职离职管理、各类工作群管理等；年级部的考务管理、排课调课及课时核算管理等，这些都有相应的细化标准和工作流程，不但需要参加上级主管部门组织的相关培训，而且我们始终要求行政人员加强学习、提升专业化素质。

三是要求服务品质化。行政人员的工作本质上是为教师和学生提供服务，从追求服务质量的角度来说，就是要达到服务品质化。“政者，正也。”这里的“正”字的涵义是既要求行政人员人品正派，充满正气，又要求行政人员在工作过程中“做正确的事”和“正确地做事”。做人问题既需要加强招聘遴选，坚持唯才是举，不唯学历，更需要有合理的配套制度，为行政人员的成长提供有力支撑。“正确地做事”需要对行政人员的工作内容进行准确界定，减少模糊空间，做符合教育规律的事，部门各项管理有条不紊，精细精致；“正确地做事”体现的是合适的工作方式，表现在处理学生问题时符合学生的成长规律，本着爱护学生、关心学生的原则；表现在对待教师要从服务的角度，给以充分的尊重；表现在对待干部要服从安排，同时给出合理化建议。

(三)行政人员评价机制

行政人员作为学校教职工群体的一部分，同样也需要建立科学的评价机制以促进他们的专业化成长。目前，学校初步建立了行政人员的日常考核制度和晋升机制。日常考核制度主要是值班得分和教师评价量表，在每月考核汇总和学期、学年度考核方面予以体现，需要在学生评价、部门领导评价等方面进行补充完善；在专业化成长方面，学校建立了一套培训制度，日常培训、上级主管部门组织的培训、暑期培训以及集团在春季组织一年一度的专门培训。学校建立了工资晋级制度，每两年提一级行政职级工资；学校还建立了晋升制度，根据工作成绩和部门特点，分初级、中级、高级职员“职称”，同时选聘行政秘书、助理、副主任、主任等行政职务，让行政人员有清晰的成长目标和工作追求。

优质民办学校离不开科学的精细化管理，科学的精细化管理离不开一支好的行政人员团队，好的行政人员是学生们的良师益友、教师们的勤务员、领导们的好助手。

第四节　后勤和前勤

学校成立了以后勤部门为主体的综合办，通过五年的摸索和实践，构建了一套力求“细致＋特色”的“后勤”服务体系，被称为“360体系”。“3”代表“三个意识”，“6”代表“六项服务”，“0”代表“零错目标”。

一、三个意识

“三个意识”分别是前勤意识、安全意识和服务意识。

(一)前勤意识

后勤人员表彰会

一般学校做“后勤”工作的部门被叫做总务处或后勤处，在学校工作的语境中经常用“后勤部门”来指称这个部门，但从其工作本身来说，叫“前勤”应该更为形象，因为“后勤部门”所干的事几乎都必须在前面完成。正所谓，“凡事预则立不预则废”“兵马未动粮草先行”。“后勤”的事总是需要提前完成，“后勤”部门的工作人员是“幕后英雄”，我们容易忽视他们对学校发展运行所起到的重大作用和作出的重要贡献。

(二)安全意识

安全是立校之本，关系学校生死存亡。虽然安全工作涉及全校的所有部门，但是综合办肩负着大量的具体的安全事务，与上级主管部门关于安全工作对接的正是综合办所属的安保和总务两个板块，所以校园安全这根弦综合办要绷得更紧，因此，综合办要牢牢树立安全第一的意识，建立健全可防可控的安全工作制度，充分提供人员、设施设备和技术等基础性安全保障，做好“三防”，即人防、物防和技防，切实做好综合办的安全工作考核。

（三）服务意识

在上一节中，说到行政就是服务，这里的服务主要强调的是优化工作方式。而综合办提供的服务不仅体现在工作方式上要温馨细致，更体现在服务的项目和服务在内容上要具体而丰富，要让教职工实实在在地感受到服务的舒适性，真真切切地感受到被尊重的获得感。综合办还要创造条件，走近学生，了解学生的服务需求，倾听学生的服务诉求，把学生的需求和诉求变成一项一项具体的服务措施。同时，服务要体现差异化和个性化，不断提升服务的品质。

二、六项服务

“六项服务”分别是安全服务、卫生服务、维修服务、美化服务、材料服务和财务服务。每种服务选取三个案例分享。

（一）安全服务

其一，学校大门是第一道安全屏障，但是不少学校大门外人能轻松“蒙混过关”，原因是这些学校允许陌生人进校的方式就是打电话给校内要找的人，这就给他们提供可乘之机，因为保安不可能对校内每位教职工都熟悉，保安拿过陌生人电话跟其要找的人通话很难确认其真实性。如果陌生人是推销非法商品或进校从事其他危险行为，将很难追究校内人员的责任。学校的做法是要进学校的人所联系的人必须亲自到门口迎接，并履行登记手续后才能挂出入证进校，确保所联系的人员是校内教职工，进校后的安全问题由所联系的教职工负责，守住大门安全。

其二，校内的很多设施设备是存在安全隐患的，须精准发现，做好防护提示。学校在教学楼一楼连廊、教职工宿舍出口和食堂入口处常年放置防滑护垫，根据天气预报，每当遇到雨雪天气，提前把防滑护垫铺好，防止师生员工滑倒受伤。学校的篮球架、教学楼大厅柱子、食堂入口处立柱等棱角分明，学生奔跑拥挤时极容易被棱角撞伤，定制特殊防护软皮外包，校园宣传栏、路灯立杆等地面螺丝，学生踩到上面容易戳伤，也在上面做安全防护软皮。

其三，疫情防护方案往往容易大而化之，操作流程不够清晰，具体责任不够明确。学校把方案做成“傻瓜式”操作说明，把各个细节做成流程表格，让人一看就懂，简单易操作，并责任到人，给班主任等各岗人员减少“理解”负担，清晰责任。

（二）卫生服务

1.校医院

对于人员密集的中小学校，卫生安全是极其重要的，必须要做到万无一失。学校校医室是个容易轻视的安全点，因为大家都认为医室是专业人士驻守的地方，可以放松监督，其实不然，给学生“过度医疗”必须坚决禁止。学校对每天每一位学生的诊断、用药金额等进行准确登记，每周汇总，每月公示，一方面可以对校医的开药种类和数量进行准确了解，另一方面可以帮助班主任准确掌握本班学生的身体状况，提醒班主任关注天气变化给学生带来身体影响，以及某些病情可能存在的风险隐患。

2. 厕所

学校厕所也是个容易被忽视的卫生场所，厕所卫生不能及时清理不仅会导致空气污染，还会带来传染病的风险。学校要求每个课间之后保洁人员必须对每个厕所进行彻底冲洗，并安装感应冲水装置，上课期间个别人上厕所后会自动冲洗，厕所门前放置冲洗登记表，随时检查，确保厕所在上课期间冲洗干净，通风，无异味。

3. 食堂

食堂餐饮偶尔出现飞虫、头发等异物有时难免，但是如果不重视，就可能引发重大问题：一是食堂不会精益求精，随意让小问题蔓延，饭菜品质提不上去；二是学生反映问题被敷衍应付，可能会引发同学不满、家长不良传播等连锁反应。为此，学校制定了快速解决学生反映食品问题的办法，对学生向食堂工作人员和学校值班行政人员反映的食堂食品问题，接到学生反映的人员必须现场立即向食堂主管或食堂值班校长第一时间报告，食堂主管或值班校长必须当面道歉，根据查证情况，承诺给食堂相关人员问责处理，并给予学生免单、赔偿等，同时将有关人员的处理结果向学生反馈，立即整改，及时消除不良影响。

（三）报修服务

其一，寄宿制学校水电、设施设备出现小故障，几乎每天都会发生，虽然都是些小故障，但是影响不小，如教室多媒体接不上就会影响一个班级上课，高温天气空调制冷效果不好就会影响学生身心健康，厕所便池不出水就会影响学生如厕。因此，看似是小事，其实对于人员集中的学校来说就是大事。为此，学校建立了快速报修机制，只要教职工在学校工作群里提出具体故障，综合办工作人员必须第一时间在群里回复，并在第一时间赶到现场，立即组织解决，决不延误，有关报修单填报实行事后签字办法，不要求报修人到综合办而是综合办工作人员主动拿报修单到报修人办公室让其签字，不给报修人“添麻烦”。

其二，还在学校醒目位置建立一个公物报修点，学生发现坏的桌椅等随时送去，随时能修理，简化流程，最大程度给师生提供方便。

其三，下午放学至晚自习前，是学生扎堆洗澡的时间段，学生在这个时间段要完成洗澡、洗衣和吃饭，必须每一步都快速且不拖拉，但是如果洗澡设备出现问题，水温异常，就会给学生带来一系列麻烦。因此，每天下午检测水温是否正常，是综合办的一项“必做题”，每天下午放学前在行政群里公布宿舍楼水温情况，一旦出现异常，必须立即检修，确保学生洗澡、吃饭正常。

（四）物品服务

其一，每次开学前和寒暑假开始，都是综合办最忙的时候。开学前必须备足备齐教职工开学物品，每个学校都会做相关准备，关键要给教职工做出便捷，并要做细，比如每个教室卫生器具提前送到教室里放好，而不是让班主任开学前一会到这个部门领几样物品，一会又到那个部门拿些东西。综合办把每位教职工所需物品打包贴上标签，送到固定地点，提供“一包式”服务。

其二，每年都会有新教职工入职，良好入职体验会给新入职教职工带来直接的被尊重的感觉，会增加其快速融入的信心。学校把教职工入职形成一个清晰的流程，怎么通知、怎么告知门卫引导进校、怎么带领到办公室和宿舍、怎么告知校园生活办法以及怎么参加入职培训等各个环节，务求精细到位，让入职人员不必询问任何人便知如何进入角色。

其三，为教师征订报纸杂志也是综合办的一项服务工作，学校规定每位教师都可以免费征订几套报纸杂志，只要教师把征订信息发给工作人员即可，程序完全由工作人员经办，不用教师跑邮局，每个年终工作人员会提醒教师把报纸杂志交给综合办，杂志装订成册，教师可以继续借阅。

（五）财务服务

其一，关注自己的收入是教职工的敏感话题。学校要求必须始终给教职工一本明白账，不模糊，不回避，不隐藏。学校公布各项待遇标准明细，让教职工清晰而准确地计算出自己每个月的收入。

其二，教务处每周计算计算课时费，包括早晚自习、命题费、作业费、监考费等各项明细，每月汇总公示，接受教师的随时查阅，财务每月将工资单明细进行公示，随时接受教师的质疑，如遇问题，立即改正。

其三，简化教职工报销程序，教职工只要到财务室填写报销单，后面的各个流程签字不需要教职工自己跑，由财务人员逐一让各个把关领导签字，为教职工节省时间，带来便利。

（六）美化服务

其一，环境育人是中小学校校园环境的基本要求。给师生提供绿荫如画的美丽校园，是全体教职工的共同向往。学校在校园入门处和其他角落，培植四季变化的花草，让大家在一年的每个季节进入校园，首先映入眼帘的是扑面而来的盛开的鲜花。

其二，学校还在教学楼上增添装置，培植空中垂直绿化，在教学楼院落添置各种类型的盆景，地面铺设绿色有弹性的运动地面，学生一出教室就置身于绿色的海洋，消除上课的紧张疲惫。

其三，在教室办公室、学生宿舍走廊，学校统一配置绿植盆景，教室提倡班主任用个性化的绿植装扮，营造清新、轻松的学习环境。

三、零错目标

“零错目标”是学校的追求，尤其是后勤部门的工作行为和服务行动，更不能出现错误。安全工作出现错误就是重大问题；卫生工作出现错误就会造成重大后果；设施设备出现问题就会带来安全隐患；物品配给不及时就会延误工作；财务出现错误就会出现经济问题；校园绿化出现问题就会影响全体师生员工的精神发展。一方面，“前勤”部门永远站在“被告席”，他们出现问题，藏不住，掩不了；另一方面，“后勤”部门一直是“幸福者”，他们虽然站在幕后，但是他们做的优质服务，师生员工都快乐，都会心存感激。

第五节　制度和执行

前文我们提到，民办学校要在资源配置、机构组合、人才评价、责任分工、经费使用等方面发挥好机制灵活的优势，办出差异和特色。这里提及的“机制灵活”包含两个方面的意思：一是民办学校在资源配置、机构组合、人才评价、责任分工、经费使用等方面拥有决策自主权；二是民办学校如何行使这个决策自主权。总而言之，民办学校制定各项管理制度让决策自主权得到执行。制度的有效落实都需要兼顾“内容”和“执行”两个层面的设计，即制度内容的设计和执行的设计。

制度内容的设计必须全面和细致。全面就是不漏点，细致就是表述精确，尽可能不留模糊空间，便于制度的执行。三分部署七分落实，制度好坏的关键在执行，因此，执行的设计显得至关重要。根据几年的实践摸索，执行的设计要把握好以下四个重要环节。

一、检查

建校之初，虽然学校调研了不少其他学校的管理制度，在此基础上形成自己的制度手册，但是在运行这些制度的时候出现了不少问题，主要是难以形成一个相对统一的检查标准，检查标准模糊必然导致制度的效度低下。

借鉴来的制度出现“水土不服”的原因是多方面的，有部门设置方面的，有干部岗位职责方面的，有奖惩办法方面的。比如，关于宣传工作的检查，有的学校归口在办公室，有的学校归口在德育处；关于教室卫生检查，有的学校归口在总务处，有的学校归口在德育处，有的学校归口在教务处，不同的归口检查的侧重点是有差异的，因此，制度不能搞拿来主义，必须自己制定，根据自身的校情“量身定制”。自己制定的制度必须对制度的执行主体、任务分解、目标量化等进行精准界定，哪些任务属于哪个执行主体，哪些任务需要部门合作完成，需要合作完成的任务应该由哪个部门牵头或是否由校长室层面统筹等，这些都应该明晰描述，这样在执行过程中就不会出现职责不明的推诿扯皮现象。

执行主体、任务分解、目标量化等拟定好了之后，就可以制定检查量表了，这时的检查量表就可以做成“傻瓜式”的，简明、易行、易查，比如关于教室卫生制度，班主任张贴在教室公告栏，不需要班主任对这个制度作强调说明，学生一看就懂不会产生歧义，教务处抽调学生会干部检查也不需要进行培训，拿着检查量表到教室对照检查打分即可。学校坚持认为，不能落实检查的制度不是制度，没有附配检查量表的制度是残缺的制度。

二、反馈

完成对制度的检查，是制度执行的第一步。检查的结果必须反馈，让制度执行的主体准确了解检查的结果，做到“件件有着落，事事有回音”。检查结果的反馈要注意反馈的时间、地点和方式。

反馈必须迅速，以最快速度完成，比如考试是对学生平时学习情况的“检查”，学校要求阅卷时间不过夜，学生了解考试结果不隔天；反馈的地点和方式要结合具体情况区别对待。比如，校级干部检查式推门听课，听课后根据教师的课时情况约定时间、地点进行当面反馈，教师的课堂情况具有很强的专业性和规范性。校级干部应该抱着尊重原则，与教师进行一对一当面进行探讨式交流，当然对于明显的课堂规范问题应该明确指出，并且要把听课检查量表打分结果反馈给教师；对于教师监考检查，学校必须以公示的方式反馈，因为严格的考风是学校管理的一条底线，一旦违反，绝不能含糊。对于邀请第三方进行的教学督导检查，宜采取个别交流和集体集中反馈的方式，问题突出的要个别反馈，共性问题开会集中反馈，集中反馈时可以把个性问题也指出来，但是对具体教师不宜指名道姓，可以在会上表明个性问题已经或即将个别反馈，并警示大家这类问题的严重性。学校反对把个别问题和共性问题放在一起反馈，并对个别问题特别指出批评，似乎要起到一种以儆效尤的效果，这种以点带面式的批评式反馈，不仅不会起到激励的效果，反而还会引起多数教师的反感和抵触。

三、整改

反馈的目的是整改，如果不整改，反馈就没有作用，只有整改了，反馈才会发生作用，检查才有意义。完整的反馈包括被反馈者的反馈，即被反馈者的表态，根据检查量表，反馈应该准确而清晰的，反馈应该给被反馈者提出明确的整改要求，包括完成整改的时间和完成质量，被反馈者的表态也应该明确而具体，这是整改的第一步。第二步是对整改结果进行再检查，再反馈，直至整改达到要求。当然，在检查、反馈、整改的过程中，学校也会发现制度本身一些诸如覆盖不全面、量表不精准、标准过高或过低等问题，需要对制度进行及时的补充完善或调整纠偏。尤其是德育处开展的一些大型活动，多部门参与，涉及各类人员，比如关于德育活动制度有时难以面面俱到，需要在活动开展前反复推演，做好每个环节以及环节之间的衔接设计，对可能出现的问题要有充分预见，要把每次类似活动的经验和教训记录下来，用于下一次活动的加强完善。因此，制度的执行是多方互动的过程，目标不是直线抵达的，而是螺旋式上升的。

四、评价

整改的质量需要科学的评价制度来衡量。评价是指挥棒，评价制度的制定不仅要有利于学校日常工作的高效运行，还要有利于立德树人这个根本教育任务的落实，要坚持阶段绩效和综合成果相结合的原则。学校根据工作需要，把教师评价分为过程评价、结果评价和综合评价。过程评价主要针对一些如出勤、学生违纪、师德失范等容易量化的对象，学校根据日常检查、反馈和整改情况进行表格登记，每月汇总，有些对应日常绩效的部分在当月绩效工资中予以兑现，不宜兑现的部分单独记录，比如整改的态度和进度需要跟踪记录，为结果评价和综合评价积累依据。结果评价主要是学期评价、学年度评价和高考结果评价，我们把一个学年分为两段，第一学期作为一个评价周期，第一学期的评价结果和第二学期的评价结果累计作为学年评价，评价从日常绩效、学生满意度测评、主要考试成绩、业务考核结果等方面，进行汇总累计，再把跟踪记录的个人、备课组等整改情况作为考核评价小组的参考，进行最终考核，结果分为四个等级，依次给予不同标准的奖励，遵循只奖不罚或以奖代罚的原则。综合评价主要是指教师的职称评审、班主任校内职称评审和首席教师、骨干教师、新秀教师的评选，这类评价主要针对结果评价的前两个等级，主要依据立德树人这一根本教育目标的落实情况，摒弃“唯分数”的教育价值观，必须坚持“立德树人”这个主旋律。对于为拼成绩而不择手段的教师，在结果评价上可能会获得一个不错的等级，但却过不了综合评价这一关；对于注重培养学生综合素养、关注学生心理健康、遵循学生成长规律的教师，即使所带学生成绩不突出，学校也会在综合评价上予以倾斜。

制度制定好了，只是处于静止状态，只有进入执行状态才能称之为真正的制度。制度执行的第一步是检查，也是关键一步，反馈和整改是检查的延伸和深化，评价是制度品质的体现，体现学校制度的运行规律、价值导向和文化品位。

制定制度是基础，执行制度是保障，坚持制度是发展。教育是一项缓慢工程，需要久久为功，唯有长期坚持，绵绵用力，才能行稳致远，桃李芬芳。

第四章 文化即作为

本章以校园文化标识的涵义以及它们之间的关系为开端，进一步分析了构建成体系的文化标识还需要具体的办学定位、办学愿景和办学路径等理念指导。而要形成风清气正的校园文化，学校的制度执行必须贯彻尊重文化，尤其是在干部与教师、教师与学生、学校与家长这三组关系中，尊重应该是第一原则，并且要一以贯之的坚持。文化最终得到展示和认可主要靠宣传来实现。

第一节　文化的标识

校园文化一般可以分为物质文化、制度文化和精神文化三个层面，借鉴其他一些学校的传统做法，学校在校园文化的标识方面做了一些个性化的提炼和设计，以体现校园文化的三层的内涵，并努力让这些校园文化标识与校园师生行为达到融合和统一，而不仅是一种所谓的“应景”。

下文将分别介绍学校的“三校”“三风”“一训”的内容及其选定理由和提炼原则。

一、三校

“三校”分别是指校徽、校旗和校歌。

校徽、校旗、校歌

校徽选用了极具安徽代表性的徽州马头墙作为设计元素，并且融合状元牌坊的经典造型，体现“皖人智慧”的内涵，图形标识内的“皖智”字体采用兼具文化性和历史感的篆书，一方面承袭了徽派文化的底蕴，另一方面说明皖智教育在传承中求发展的追求，同时与校园的徽派建筑风格相协调。

学校的校旗采用中度紫色为底色，中间镶嵌校徽，校徽下方显示校名“合肥皖智中学”的全称。学校之所以选取紫色作为校旗颜色，主要有两个方面的原因：一是因为紫色代表中国的一种传统文化，道家始祖老子骑青牛过函谷关，西去布道，留下“紫气东来”的典故。因此，“紫气”象征吉瑞；二是因为紫色代表宽广、宁静和理性之意，以此希望青春少年具有宽广的胸怀、宁静的心态和理性的人格。

学校的校歌名字叫《青春好时光》，歌词融合了学校的“三风一训”和办学理念，表现了皖智学子热爱学习、留恋校园的情感，散发着青春阳光的积极状态和梦在远方、追求理想，迸发着豪情壮志的人生情怀。校歌旋律优美，节奏明快，声音高亢，便于传唱。

二、三风

“三风”是指校风、教风和学风。

学校的“校风”是尊重、安静和开放。尊重是教育的基本要求，学校把尊重作为重要的文化因素，贯彻到学校发展的方方面面，关于尊重文化，将在后面“尊重的落实”这个部分里单独阐述。安静是学校立校心态，兼顾着举办者、管理者和所有师生的心态指向。举办者唯利是图的财富心态，必然被人民大众唾弃；管理者浮于表面的捷径心态，必然被教育规律淘汰；广大教师安于饭碗的功利心态，必然被家长学生鄙夷；学生们浅尝辄止的浮躁心态，必然被汹涌时代抛弃。学校在校园大门入口处的一块大石头上镌刻一个大大的“静”字，背面附“莫要高声语，恐惊读书人”两句话，希望全体教育人在这个物欲喧嚣的大环境下，做一个安静的守望者，坚信安静的巨大力量。开放既是一种外在的办学方式，也是一种内生的教育价值属性。对于管理者来说，必须坚持开放办学，闭关锁“校”意味着屏蔽了他人之长，而这对于一所年轻的民办学校来说，意味着唯止步不进步；对于教师来说，在新课程、新教材、新高考、新评价的当下，如果抱有开放的学习心态，将难以适应新时代教育教学的发展要求。

三风一训

学校的“教风”是务实、严谨和高效。务实是立身之本，也是教师的立教之基，越是各种新理念喧嚣纷扰、各种新技术花样迭出、各种新思潮汹涌扑面，站在一线讲台的教师越是要有一种定力，一种判断力，坚守教育的基本规律，务实从教，从容应对。严谨是教师教育教学的内在要求，是教师的基本功。高效是教师的永恒追求，也是衡量教师水平的重要指标。高效既有教师自身的发展的内在要求，也有学校为研发教学模式、发挥团队力量而创造条件的外在要求，学校根据实际研发了“三学四环”教学模式，开展以备课组为单位的“一课一研”的教研模式，直接目的就是提高课堂效率。

学校的“学风”是乐学、苦练和善思。“知之者不如好之者，好之者不如乐之者。”对于学生来说，愿学是基本要求，乐学是至高境界。但是，现在不愿学者大有人在，愿学者比例不高，乐学者更少之又少。

这种现象非常值得我们深思，这里虽然有家庭、社会和学生自身等各种因素的影响，但是作为教育者的教师们，应该首先从自身做起，为促使学生由不愿学到愿学乃至走上乐学积极创造条件，营造氛围，改善方式。苦练与乐学有冲突，但并不矛盾，乐于做一件事是先决条件，苦练功夫是方法路径，尤其是处于激烈竞争的高考背景下的高中生，苦练是必由之路。善思是乐学和苦练的助推器，善思让乐学找到源源不断的动力，善思让苦练不做机械的重复，而是按照科学的规律达到最终学习目标。

三、一训

“一训”就是“校训”。

学校的“校训”是：自信、拼搏和友爱。当今时代拥有自信非常重要，民族要自信，国家要自信，根本之处还是在于教育要自信。教育的自信表现在教师的自信和学生的自信，而民办学校的教师在民族自立、国家富强的今天更应充满自信，民办学校的学生也应为自己的个性化选择而更加充满自信。自信是认知，拼搏是行动。对于面临高考的高中生来说，高考的压力无疑是很大的，高分数与高素质并不矛盾，无论是高素质还是高分数，都离不开高投入，而高投入的表现形式就是拼搏，所谓“爱拼才会赢”就是这个道理。友爱是高素质的一种典型，友爱是友善的有力行动，友善是社会主义核心价值观，友爱是践行社会主义核心价值观的具体表现。一个充满友爱的校园是好学校最重要的特征，在一个洋溢着友爱的学校，学生们一定是充实而快乐的。自信是前提，拼搏是保证，友爱是动力，三者互为一个整体，从另一个角度来说，不自信无以立根本，不拼搏无以图未来，不友爱无以促发展。

第二节　体系的构建

上文详细阐述了“三校”“三风”和“一训”的内涵和提炼原则。以“三校”“三风”和“一训”为文化标识的校园精神文化，需要具体的办学定位、办学愿景和办学路径来与之相对应，以此完成学校精神文化体系的构建。

一、办学定位

关于办学定位，可以用“三高”“七字”“一语”来概括。

（一）三高

“三高”指的是高起点、高标准和高品位，这是学校在办学伊始就亮出的第一条宣传语，表明我们的办学自信和办学承诺，即使与实际情况有差距，但是定位必须“取法乎上”。“三高”之间是递进关系，第一个“高起点”，这既需要对自身的优势进行全面分析，也需要对所在区域学校的办学水平进行准确评估，做到知己知彼，因为“高”字是一个相对的形容，并没有绝对标准，更多的是与一定区域内的学校进行横向对比。5 年前，学校建校参考的主要对象是合肥市区民办高中、市级示范高中和三类省级示范高中，我们把这些学校在生源、师资、管理等方面的情况进行指标细化，列表对比，找出可以超越的“点”，这就是学校在第一年招生就能取得相对突破并在后面几年能够保持稳步提升的重要原因。当然，办学投入是基本保证，经济预算容易量化比较。

(二)七字

没有“高起点”“高标准”和“高品位”便无从谈起,“高标准”和“高品位”需要一个完整的设计来支撑。学校经过深入讨论,研究设计出“七字”组合,即“一体二元三学四环五有六力七会”。“七字”组合表现了办学目标、办学优势和办学行为三个层面。

“一体”是办学目标,即建立家校共同体,因为学校教育的达成需要家校双方共同完成,缺一不可,为此学校在这方面进行了很多积极的探索,家校合力,实现家校和谐共赢,为学生的幸福成长奠基,为家庭的发展愿景助力,具体可参见第一章第四节“建和谐家校”。

“二元”是发挥办学优势,即发挥公办学校的体制规范和民办学校的机制灵活这两个优势。公办学校作为一个整体,在党建融合、教育思想、育人体系、课题研究、人才队伍等方面,具有整体民办学校难以比及的体制优势,作为个体的民办学校必须清醒认识,对标对表。民办学校要在资源配置、机构组合、人才评价、责任分工、经费使用等方面发挥好机制灵活的优势,办出自己的差异化和特色化。

“三学四环”作为一种教学模式,在落实“双新”教育理念、提高课堂教学效率和完善教师教研合作机制、优化学生课后限时作业方面,学校团队深耕实践,潜心探索,效果显著,具体可参见第二章第二节“三环四环节”。

“五有六力七会”具体体现在三个层面:“五有”即有理想、有品格、有自信、有担当、有韧劲,属于理想信念层面,贯彻习近平总书记提出的“培养担当民族复兴大任的时代新人”的要求;“六力”即感知力、思辨力、选择力、学习力、审美力、创新力,属于核心能力层面,落实《中国学生发展核心素养》,实现塑造“全面发展的人”的总体目标;“七会”即会读书、会交流、会合作、会规划、会自律、会劳动、会健体，属于基础生活层面，践行中学生守则和日常行为规范，体现生活教育、生命教育的根本宗旨。“五有六力七会”从理想信念、核心能力和基础生活三个层面构建了我们的德育体系。

一体二元三学四环五有六力七会

（三）一语

“一语”是基于“三高”和“七字”拟定的宣传标语：“不上一六八，就上皖智中学”。学校把这个宣传标语竖立在学校沿路的实验楼顶，宣示我们的办学自信，彰显我们的品牌价值。其实，定位和宣传从某种意义上说，具有内在的关联性。美国作家艾·里斯与杰克·特劳特在他们合著的畅销书《定位》中提出“定位”理论的实现，就是要靠精准而极具特色的宣传语来宣传推广。民办学校要做对方向性决策，形成方向性差异，准确定位、内涵发展和宣传推广，三者缺一不可。

三、办学愿景

关于办学愿景，可以用“一受”“三为”“一好”来表述。

(一)一受

"一受"是指"办一所受人尊重的学校"。"尊重"是校园文化的核心词汇,它位于"尊重、安静、开放"的校风之首,学校只有做好"校内尊重",才能赢得"校外尊重",成为"受人尊重的学校"。"办一所受人尊重的学校"作为办学愿景,应该具备三个指标,即政府放心、社会认可和家长满意,"政府放心"是政治站位,在上级主管部门的领导下,全面贯彻党的教育方针;"社会认可"是水平对标,对标区域内乃至更大范围的同类学校,办成优质的品牌学校;"家长满意"的另一面是学生教育目标的达成,所以从这个角度来说,"家长满意"是办学的最高目标,是"办人民满意的教育"的具体落实。

(二)三为

"办一所受人尊重的学校"从价值观角度看,就是"三为"目标的实现,即"为党立人,为国育才,为百姓的孩子谋未来"。建校之初,囿于当时的认知局限,认为"办一所受人尊重的学校"就是追求学生高分数进及高分数出,为此学校当时基于这两个分数的高低提出三个五年计划,试图以线性思维达到立体效果,以捷径思维达到速成目标,把立德树人这个教育的根本目标居于次要的位置,这显然是一种急功近利的短视。诚然,追求高分数并没有错,错在没有把高分数纳入高素质这个"立德树人"的根本任务前提下,一个是本一个是末,本末不能倒置。

(三)一好

坚持以正确的办学价值观为引领,实现"办一所受人尊重的学校"的办学愿景,进而指向为实现"一好",即"在中国办一所好学校"这一朴实而伟大的办学目标而奋斗。

三、办学路径

关于办学路径，可以用“三品”“六字”“两言”来总结。

“三品”是指“涵养正直人品、打造高效教品、成就优秀学品”的办学品格。学校有公办与民办之分，但是教育却没有公办与民办之别，公办学校与民办学校除了出资模式和管理体制不同，在教育属性上二者是相同的，正如“无论公办民办，都是党办国办”。作为民办学校教师，自己的人品修炼和教育教学水平无疑是成就学生的人品和学品的前提和保障。在提倡“三品”塑造时，学校提出在“自信教育，高效课堂，严格管理”这三个维度来进行重点落实。

同时，学校又把这三个维度以“六字”予以细化，即“实、深、细、严、苦、静”，每个字又以三个短语予以展开，具体是：“实”为实在做人，实力办学，实惠学子；“深”为深邃思考，深入研究，深度交流；“细”为细查问题，细察动态，细想问题；“严”为严格要求，严谨治学，严守底线；“苦”为苦练性情，苦练定力，苦练内功；“静”为静以至纯，静以至恒，静以至成。

最后，学校用两句话来从两个角度来鲜明体现落实的方式和提升的信心：“样样落实，天天坚持”要求做好当下；“百年皖智，我的责任”激励追求远方。

第三节　尊重的落实

尊重是学校的校风之一，是排在第一的位置。“办一所受人尊重的学校"是我们的办学愿景,"尊重文化"已经内化成为学校重要的校园文化,这其中"骨子里尊重老师,心底处尊重家长,灵魂上尊重学生"已经成为我们的办学承诺,写在学校的简介上,挂在校园的墙壁上,落实在日常的行动上。

以"四家"活动为抓手落实"心底处尊重家长"的理念,扎实做好家校合作,建设家校共同体,在本书第一章已经做过阐述;以"灵魂上尊重学生"为主题申报的市级科研课题,已经顺利结题,为深入推进五育并举、落实立德树人丰富了内涵,增强了实效。

课题推进会

本节将重点从"骨子里尊重老师"这个层面来介绍学校所进行的认知矫正和实践探索。

"教师"指的是一种职业,而"老师"一词则含有对"职业教师"富有感情的尊重,因此,这里不用"教师"而用"老师"这个词。学校之所以将尊重老师放在"三个尊重"的首位,是因为做好后面两个尊重的关键在于老师。这是显而易见的,但是在大多数的语境中更多的是强调把尊重学生放在最前面,并且在强调这个问题时,所表现出的也尽是对老师的要求甚至是苛责,而对老师在物质和精神方面的需求采取漠然的回避态度,这种求全责备式的思维,其实并不有利于甚至可能妨碍尊重学生的达成。显然,这种语境需要改变,而想要改变则需要国家、社会、学校和家长等各方的合力。

学校在践行"骨子里尊重老师"方面主要体现在以下三个方面。

一、要跟老师主动谈“钱”

经济是基础，老师收入的多少在一定层面上决定老师地位的高低。公办学校老师的收入是由当地政府财政负担，学校没有决定权。民办学校可以利用自身灵活的机制，尽可能地为提高老师的待遇创造条件，这在本书的第一、第二章都曾提到过，这里再从另外两个方面进行阐述。

第一，学校在与老师签订劳动合同时，学校应该主动把老师的职责权利讲清楚，尤其是老师待遇问题。例如，基本工资、课时费、早晚自习费、命题费、阅卷费、加班费、节假日福利、五险一金标准等，必须予以准确的界定，绝不搞“模糊战术”。学校是教书育人的地方，作为独立法人单位，讲信用、守法律是底线，然而现在有些民办学校在这方面把自己的标准降低为纯粹牟利的企业，押证、扣钱甚至进行人身威胁，这不仅损坏了民办学校的社会形象，还破坏了民办教育的社会声誉，这种行为是正规民办学校所不齿的。

第二，举办者和校长要摆正情怀与金钱的关系，现在不少民办学校举办者和校长喜欢跟老师们谈教育情怀和价值观，这种本无可厚非，但是如果在与老师签的合同时关于待遇问题写的不细致，而在平时的工作中强调过多务虚的东西，老师们必然抵触这些所谓的情怀和价值观，因此一定要了解民办学校老师的真实心境，不能无视。情怀和价值观更多的是做出来的，而不是说出来的。情怀和价值观倒过来看，即“值价观”和“怀情”，就是说要根据老师们的贡献大小进行准确的“估价”，予以公正地对待。同时，心怀对老师的关爱之情并设法具体落实。总之，要给老师们稳定感和获得感，至于归属感和幸福感，那是民办学校的更高追求。学校要想让老师们追求归属感和幸福感的前提是必须让老师们有稳定感和获得感。

二、要给老师机会发展

现在有不少老师在民办学校里工作或是直接为了养家糊口，或是暂时作为一个过渡。笔者曾经面试过一位应聘老师，30 岁不到却已经历过五所民办学校，几乎一年换一所学校。学校虽然对这种“江湖游师”是比较警惕的，但更应反思为什么会出现这种现象。除了待遇之外，老师的职业发展是一个不可忽视的因素。初看“江湖游师”的课堂教学水平似乎并不差，但他们对于党的教育方针和国家教育政策并不关注，关于教育学、心理学方面的知识储备明显不足，为匠不为师，这种老师没有潜力，后劲不足。学校要从教育大计出发，真正关心老师的职业发展，为培养“完整的老师”而进行制度变革并加大投入。首先，要增强老师们对职业发展的认知，要鼓励他们积极参加各种学习和培训，积极申报科研课题，积极参加职称评定，积极参加各类比赛，具体措施在前文中已有具体阐述。民办学校老师切勿自我矮化，要有往上提升的决心、信心和勇气，学校千万不能因为担心老师成熟、成名后可能跳槽就控制甚至压制老师的职业发展，那样只会让学校人才的整体水平不断下滑，陷入人才危机的恶性循环。学校要正视老师的考编等正常流动，只要是正向流动，都是属于正常流动。只有当老师们获得充分的职业发展，才能谈得上事业发展，越过职业发展来谈事业发展那是自欺欺人。其次，在选人和用人方面要给予充分的展示平台。现在有些民办学校的校级领导班子基本上不从老师队伍中选聘，而是从公办学校高薪聘用或聘请已退休校长，不否认这种人才配置的有其优势。如果这是新办学校的权宜之计，可以理解，但是如果学校领导班子成员长期如此，那么这种做法就会出现明显的弊端。这会让原本民办学校教师提拔起来的中层干部永远看不到机会，广大一线优秀教师对管理岗位缺乏强烈的发展愿望，长此以往，中层干部就会失去动力和活力，整个学校就会慢慢失去朝气。中层干部是管理的执行主体，中层空心化的学校难有持久发展。根据多年观察发现，无论是民办还是公办学校，中层干部成长速度快、输出多的学校，都是相对比较优质的学校，这是评价一所学校的指标的之一。

三、要为老师健康着想

当下，要更加重视老师的身体健康和心理健康，需要采取切实措施，为老师的身体健康创造条件，为老师的心理健康倾注力量。

在身体健康方面，学校主要采取三个方面措施。

第一，核定老师的标准工作量，老师长期超负荷工作对身体健康是一种摧残，学校原则上不允许老师的任务超过标准工作量。例如，语、数、外学科老师都是带两个班级，除非个别老师短期出现特殊情况。学校行政人员的足额配置和特殊的值班机制，有效缓解班主任每晚陪护学生的压力。

第二，免费提供食宿，提供集体宿舍给有早晚自习陪护任务的老师们，这样节省了路上的奔波，增加了休息时间，同时，我们设置专门的教工食堂，为老师提供优质的自助餐。想要温暖老师的心，首先要温暖老师的胃。

第三，每年给老师免费提供体检套餐，提醒老师们关心自己身体的各项健康指标。

在心理健康方面，学校着力在三个方面下功夫。

首先，优化表达方式，我们倡导刚性制度柔性表达，主张“温和的坚定”。例如，禁止领导向老师发脾气，要求有话好好说，老师到领导办公室汇报工作时，提倡领导起身欢迎并与老师一起坐到沙发上，以降低老师的压力感；老师违纪违规，坚持会议通报或文件处分不点名；要求各部门发通知不得在上课期间，在相对固定时间发群通知，控制发群通知频率以减少给老师们的干扰。

其次，在一些制度的执行上进行人性化处理，例如，允许老师坐班迟到一定的次数；女教师在孕期和哺乳期采取弹性坐班安排；严格会议管理，严控开会次数，确定会议时长并不得突破会议时限，每位干部的发言时长显示在大屏幕上，接受全体老师的监督。

再次，人情化安排，为营造和谐氛围，缓解工作压力，我们提倡各部门、各备课组利用空闲时间开展聚餐活动，大家在一起交流，增进了解，释放压力，费用由学校财务报销。并且，考虑到民风民俗，老师家里的婚丧嫁娶，学校工会都会代表学校送去礼金，老师生病住院工会安排慰问看望，分管校长或校长情到人到。老师们的心理压力很多时候不是工作本身，而是压抑的工作环境所致，学校在委以老师们工作任务的同时，也应该给予其充分的尊重。

民办学校要用好人才自主权这个机制，在设计、执行各项管理制度时，不可不考虑给予施行教育的主体——老师们的充分尊重。从某种意义上说，尊重老师才能实现对家长的尊重，才能实现对学生的尊重，才能最终实现立德树人这一根本教育任务。

第四节　反思的坚持

想要践行“办一所受人尊重的学校”是需要不断检视和反思的。

一个拥有远大理想的管理团队特别需要反思，要让反思成为思维习惯和工作习惯，进而形成制度化建设的文化根基。为此，学校将每年的2月26日作为“反思日”，召开反思会，强化反思的意义和作用。

如何开展有价值的反思呢？

一、干部要带头反思，形成示范作用

干部该如何反思呢？应着重从以下三个方面下功夫。

（一）思维习惯

坚持凡事从自我反思入手，当制订工作方案和工作计划时，首先要想到作为管理者在这项工作中的身份定位，如何运用既定的制度发挥干部的引领、统筹、协调、调整、纠偏等职务职能，如何尽最大的努力去推动这项工作的起步、进展和达成，当工作出现问题时，要自觉地从自我不足的角度进行反思，主动担责，主动自我剖析，而非抱怨他人，归因他人，批评他人，或总是强调客观条件的限制。在勇于自我反思的思维牵引下，逐步形成深刻的思考习惯和把控全局的决断能力。

（二）语言习惯

语言是思维的外壳，思维习惯决定语言表达习惯，语言表达习惯又会影响思维习惯，因此，我们要求干部要对语言不断进行锤炼。干部在与教师沟通交流时，要有着“骨子里尊重老师”的谦逊，当教师违纪犯规时，要把“刚性制度与柔性表达”有机结合起来；当团队出现工作失误时，不要首先批评团队成员，要先对自己进行自我批评。当召开校长会时，各位分管校长更多的是从分析问题、解决问题的角度讨论工作安排，研判工作走向，给出工作方案，而不总是要政策，要指导，要支持。当召开教师会议时，校领导要少谈自己的贡献，多说教师们的努力，少指责批评教师的不足，多分析反思自己在工作中的缺失，诸如计划不周全、提醒不到位、过程不协调等方面的不足。

(三)行动习惯

语言表达也是行动的一部分,更多的是与工作中的直接行为,干部在汇报、总结和撰写工作日志时,要把反思贯穿其中、融入其中。中层干部在每月的集体例会上,不作长篇大论式的总结,发言要按照"三得三失"模式,"三得"不是说干了三件事或三项工作,而是从一个月的工作实践中提炼出来的心得体会,要对重要环节、重点问题进行复盘,剔除无关紧要的冗长表述;"三失"是重点,主要是反思不足,反思改进措施,反思下一步如何做得更好。完善干部工作日志,每天必须提出一个问题,这个问题不是一个浅层次的伪问题,而是要结合当天工作体会提出的富有建设性的真问题。

第一届反思会

二、教师要形成反思的习惯

干部反思的习惯和氛围必须传导到教师群体,并形成整体的反思氛围,这样才更有意义。美国心理学家波斯纳曾提出一个教师成长公式,即:经验+反思=成长。经验和反思并非割裂开的,而是互动的融合体,经验是反思的前提和基础,反思可以丰富经验,提升经验。教师专业化成长就是一个经验和反思相互促进、相互融合的过程。学校主张教师开展以下两种反思形式。

(一)外部反思

在教学上,通过合作教研,备课组成员对教学设计、限时作业等进行充分交流，集思广益，形成一个有相对共性的“共案”，各位成员再根据自己班级学生特点进行适当调整，形成有自己教学的“个案”；每周常态化公开课，要求每位教师及时评课，为使评课更有效率，学校开发了听课评课小程序，教师听课笔记和听课评价直接在手机微信小程序上书写即可，便于组内成员准确、高效分享。学校要求评课不能流于形式，不能出现“赞歌式”评价，而是必须指出三点不足，并说出理由，这是听课教师的评课反思，更是促使讲课教师课后从更宽广的角度再做全面的教学反思。

(二)内部反思

内部反思就是教师根据对“共案”的改造和“个案”的实践，结合同事的评课意见(主要是常态化公开课)，反思教学模式是否游离，预设的问题是否切合学生实际、是否兼顾不同学生的认知差异、对课堂生成的问题处理是否能够围绕课堂主题进行点拨和深化、课堂讨论是否紧紧围绕所给议题展开、讨论是否全员参与、学生的课堂展示与教师的评价分析是否深度互动、创设的情境是否能够调动学生的积极参与、设计的限时作业与课堂实际是否做到无缝对接，等等。这些围绕课堂的重难点、课堂的流程、课后作业的常态化反思，如果记录下来，形成文字，就会形成教师专业化成长的重要资料，即便没有写下来，如果长期养成这种思维习惯，对教师专业化成长也是大有裨益的。

教师的反思意识和反思习惯有利于引导学生在反思中进步，在反思中成长，学校在每个教室张贴三个疑问句，即：“我来皖智做什么？我今天做得怎么样？我想成为什么样的人？”激发每位同学每天反问自己，养成反思的习惯。在每年高三开学的动员会上，我们都会再次向全体学生提三个问题，即“中考的遗憾你们忘记了吗？刚入学时你们给三年后的自己写的一封信还记得吗？高中最后一年你们将怎么拼搏？”激励步入高三的学生反思过去，做好高三期间科学规划并付诸努力。

三、学校要建立沟通机制

民办学校往往因为过于强调执行效率而忽视民主管理，教师的意见和建议反映渠道不够畅通，没有建立稳定的反映机制，造成决策的失误或决策过程的低效。学校在全面落实对教师的尊重方面，还应补足让教师民主参与改进这个短板，让学校的决策更加科学，更加合情，更加合理，同时增强教师的主人翁意识，提升教师的主人翁地位，发挥教师的主人翁作用。学校主要在以下三个方面开展民主管理。

（一）畅通常态化沟通渠道

在学校所发的干部日志中有固定一栏，要求干部每周必须与教师有一定次数的交流，并将交流内容和结果记录上传，综合办统计，每周提交校长会，全程掌握教师的各类意见和建议，及时反馈、及时调整；适时开展教师座谈会，集中听取教师们对学生管理、课堂教学等方面的体会和建议；发挥名师工作室、教研组长、备课组长等优秀教师的示范引领作用，创造条件，多与教师们谈话交流，重点征求教师们的意见和建议。

（二）建立教职工代表大会制度

“教代会”是开展民主管理的一项成熟的制度，我们根据上级主管部门要求，建立健全了教代会制度，学校在举行教代会期间，请教代会代表充分征集意见和建议，并汇总整理提交教代会主席团，主席团提请学校职能部门逐条回复，及时表态，具备条件调整的立即调整，暂不具备调整条件的给定整改时间，不能调整的须给予充分的解释说明。

同时，学校管理人员、行政人员在教代会期间须接受代表们评议，评议结果作为考核评价的重要依据。学校利用教代会这个平台，在教代会召开这个时间段，静下心来，梳理代表们的意见和建议，反思工作得失，完善管理制度，调整工作方式，让各项管理制度迎来一次集中“体检”。

（三）公布教职工和学生的意见箱

意见箱分为两种形式：一是校园悬挂意见箱；二是在学校网站和公众号上公布专门的意见邮箱，鼓励广大师生和家长给学校提意见和建议。

第五节　宣传的意义

民办学校，尤其是新办学的民办学校，必须重视宣传，通过宣传扩大知名度和影响力，吸引家长和学生关注学校、了解学校、走进学校，进而信赖认可民办学校。建校五年来，学校一直十分重视宣传，要求各部门把宣传工作纳入学校的日常工作计划中，做好皖智工作，说好皖智故事，目前已取得了一定的成效。

学校的宣传工作主要从以下四个方面开展。

一、提升对宣传内涵的认知

首先，随着城市化突飞猛进，如今已经进入“陌生人社会”，仅依靠口碑积累来发展，已跟不上时代的步伐。其次，宣传不等于招生。现在不少人一提到民办学校宣传似乎立即就会联想到招生广告，这是对宣传工作的严重窄化。不排除有些民办学校会这么做，但是这绝对不应该是主流。只要关注一下现在的各类公办学校网站和微信公众号就会发现，公办学校同样十分重视宣传工作；并且，笔者一直认为，宣传是平时工作的提炼和总结，也是平时工作的行动指南和指导思想。学校应把宣传工作深度融入每个部门的工作计划和工作方案中去，成为平时工作的一部分，每个部门、每个年级部、每个备课组、每位行政人员都有宣传工作义务。“宣传是平时工作的提炼和总结”就是要求学校在开展某项活动之后，要及时地把工作过程和结果撰写成宣传文稿，提炼意义，总结价值，然后配上有关图片，刊发在学校网站和公众号等自媒体平台上。“平时工作的行动指南和指导思想”就是要求学校在开展某项活动之前，必须重视活动的意义和价值，意义性不强、价值不高的活动不值得开展，这种宣传思维可以倒推学校开展活动时审慎调研和论证。“无宣传、不活动”，即每项活动都要通过自媒体展示出来，承担活动任务的部门就要认真投入，宣传出去的东西要能经得起推敲，经得起质疑，不能为宣传而宣传，不能搞噱头，使宣传工作沦为一种形式主义。

宣传工作表彰会

二、确保对宣传内容的审定

由于每个部门都有宣传职责，审定宣传内容就是不可或缺的环节。学校把党建融合、德育活动、教研成果、感人事迹和教师形象等五个方面内容作为宣传的主体。

党建工作要求已经写进了《中华人民共和国民办教育促进法》中，

纳入民办学校的年检工作，因此，民办学校必须高度重视党建工作，但是党建工作如何开展，对于多数以前鲜有开展党建活动的民办学校来说是一种考验。学校始终坚持把党建工作融合到队伍建设中、德育工作中以及学科教学中，这里面一些典型的融合活动就是鲜活的宣传素材，这种党建宣传内容务实，切实推动了教育教学发展。

德育工作是宣传的主阵地，德育活动是宣传的高频对象。在学校的自媒体宣传文章中，德育活动占据大部分篇幅，德育活动的教育意义最明显，欣赏性最突出，传播性最直接。学校对德育部门提出更加系统性、更有序列化的宣传要求。

民办学校的教研成果相比于公办学校在总体上处于弱势，这似乎一直备受上级主管部门的批评，学校对教科研工作有专项经费投入，申报了市级、省级课题，在课题开题、课题过程、课题结题几个环节，要求形式规范，内容务实，宣传务求专业，彰显价值。

感人事迹的宣传不但是不能错过一切具有示范意义的事迹宣传，而且鼓励从看似平常的同学之间、师生之间、职工之间发生的故事中挖掘不平凡的榜样价值。

教师形象主要是突出他们的教育艺术和教学成果，拥有一批好教师，宣传一批好教师，是吸引家长和学生选择学校的最主要的理由。

三、加强对宣传人员的培训

撰写宣传文稿具有新闻采写的特点，照相、拍摄、编辑排版、校对等都有专业性要求，学校必须对有关人员给予专业培训。关于内容方面，学校把宣传文稿分为两大类：一类是新闻稿撰写，邀请媒体记者来培训；另一类是一般的宣传文稿，不一定要套用新闻格式，不作硬性的专业要求，提倡写出具有自媒体特色的个性化文章即可，注重可读性和趣味性。关于技术方面，学校邀请专业人士给相关人员进行培训。当然，在自媒体时代，很多技术都是"傻瓜式"的，学校要求分管宣传的领导要带头学习，能够胜任给自己学校的教师和行政人员进行常规性专业培训工作，鼓励年青教师研究个性化表述方式和图文、视频制作方法，给学校的自媒体受众带去新颖的美感，这也是自媒体区别于传统媒体的显著特点。当然，当学校的宣传引起了权威的传统媒体注意，并提出进一步宣传时，还是要按照传统媒体的模式来撰写或由传媒媒体记者主笔，如《中国教育报》就曾对我校的德育工作进行过专题报道。

四、研究对宣传工作的评价

评价是指挥棒，做好宣传工作的评价有助于提升宣传工作的规范和品质。首先要做好宣传工作分工协作，根据宣传内容的属性，把不同板块分到相应的职能部门，由专人来负责推进；其次要定好数量目标，每周、每月都有一个最低的目标数量，做好过程反馈；最后要根据稿件质量、校对质量、完成数量等指标，进行结果评优，每学期评出优秀作者、优秀校对、优秀编辑等若干奖项，激励宣传人员为宣传工作作出更好的成绩。

宣传工作需是一项长期工作，长期坚持全面的办学展示既是一种办学自信，更是一种学校文化的沉淀，从而形成品牌效应。学校每年对优秀稿件进行分类梳理，集结成册，真实记录学校成长的足迹，这是一份有温度的校本档案。

第五章 学习即塑造

本章主要内容是关于学习，是最具“务虚”意义的一章，因此本章第一节从学习的内容、学习方向和学习方式等方面作概括性阐述，作为全章的引子，后面四节均是具体学习的实践和思考，以体现第一节里所提出的“向同行学习，向优秀管理者学习，向世界发达国家学习”的倡导，起到印证作用。

第一节　学习三向度

《礼记·学记》曰:“学然后知不足,教然后知困。”对于教育工作者而言,教学是终生之事,学习是终生之业。

一、学习的内容

学习的内容是什么呢?学科专业知识自不必说,同时也必须始终把坚持学习教育学、心理学、管理学和有关政策文件等作为学习的优先对象。

掌握教育学、心理学知识现已成为获得教师执业资格证的必要条件,但这仅是一些基本理论和基础知识,与实际发生的教育教学实践还存在很大的差异。因此,要把教育学和心理学理论知识与教育教学实践结合起来,提高在教育教学过程中解决问题的能力,通过培养系列问题的解决能力,反过来丰富、拓展教育学和心理学的理论建构,从而提升教师的职业素养。

管理和教育的关联无处不在,教育更不可能脱离管理独立存在,了解情况制订计划、组织、指挥、协调和控制等管理的基本技能,是每一位教育工作者做好教育的基本功。教务处要学习教学管理,德育处要学习德育管理,综合办要学习行政管理,教师要学习课堂管理,班主任要学习班级管理,校长班子要学习学校管理,这里所说的每项“管理”既有共同的职能,又有不同的内涵和侧重点。从某种意义上说,要办好一所学校,关键在于团队的管理能力和管理水平。

教育是培养人的事业，政策性强是教育行业的鲜明特征，学校尤其是民办学校必须把学习政策、掌握政策作为拥护中国共产党的领导的具体体现，把不能犯政策性错误作为一项政治纪律。“要使同志们懂得，共产党领导机关的基本任务，就在于了解情况和掌握政策两件大事，前一件事就是所谓认识世界，后一件事就是所谓改造世界。就要使同志们懂得，没有调查就没有发言权，夸夸其谈地乱说一顿和一二三四的现象罗列，都是无用的”。毛主席在《改造我们的学习》一文中把“掌握政策”提到“改造世界”的战略高度。

二、学习的途径

学习不仅要从书本上学、从文件上学，还要向同行学习，向优秀管理者学习，向世界发达国家学习。

(一)向同行学习

学校每年都会组织干部、教师、班主任等各类人员到全国各地优秀学校学习考察，并形成惯例，财务做好专项预算。建校五年以来，学校组织参观考察过全国各类名校几十所，尤其是一些优秀的民办学校，学习他们在建构德育体系、课堂教学模式的思路和实践成果，学习他们在治理模式和管理运行方面的探索，学习他们在教师专业化建设、班主任管理方面的先进经验，学习他们在培养尖子生和扶助后进生方面的独到做法。向同行学习给了很多直接的帮助和间接的启发，让学校发展少走弯路。

(二)向优秀管理者学习

不同于公办学校，每一所民办学校都有其投资和运营的特殊性，这就决定了没有一套现成的管理体系可以直接套用，因此，必须向优秀管理者学习，学习他们的管理思想和管理实践。向魏书生、李希贵、李镇西等教育名家学习学校管理思想；向李金池、吴国平、祝启程等名校长学习学校管理经验。向美国的杰克·韦尔奇、日本的稻盛和夫和中国的冯仑等企业家学习管理智慧。通过学习，提升了管理思想的认知水平和管理实践的践行能力。

（三）向世界发达国家学习

不仅要经常向国内同行学习，而且要走出国门，了解发达国家基础教育的办学成果和管理经验。学校多次参加由全国民办教育协会组织的出国教育考察，先后学习考察了英国、法国、日本、加拿大等发达国家的中小学，从国际比较的视角感受发达国家中小学真实现状以及这种现状背后的经济实力和思想文化的差异。

三、学习的氛围

学习重点和学习方式固然重要，但建立学习制度、形成学习氛围则更为重要。

有人说，教育的最大问题是教师不读书。其实，教师不是不读书，只是迫于现在应试教育现状的压力，教师们读的更多是如何提高学生成绩方面的教辅类书籍，对于扩大教师职业宽度、提升教师事业厚度方面的书籍涉及相对较少，这是一种客观现象，必须正视。因此学校为了创造条件改善这种现状，开展了“三讲三给”活动。“三讲”就是要向教师讲清楚做一名新时代合格教师应该必备哪些素养，讲清楚做一名新时代优秀教师应该读什么书，讲清楚做一名新时代名师应该如何“升堂入室”，“三讲”的实质就是给各类教师制定学习方向和学习目标；“三给”就是给教师一定的时间读书，给教师读书提供专项经费，给教师展示平台，“三给”就是为达成“三讲”目标学校所提供的条件。

学校不提倡教师超额完成工作量，工作超负荷的教师很难成长为新时代优秀教师。学校提倡教师多订杂志，多买书，费用直接报销，并开展每年给每位教师送一本书的活动；同时也提倡教师多读多写，对于发表文章、获奖文章均给予奖励。除此之外，学校每年拿出专项预算，用于教师培训，建立系统化教师培训制度，全力引导、推进、保障教师参加培训，让教师学习提升。

移动互联时代提倡学习分享。分享接受检验，分享扩大影响，分享形成氛围。学校在网站、微信公众号、头条号等平台常态化开展教师文章系列展示，鼓励教师写教育叙事，奖励教师撰写教育教学论文，推动名师出版的书；学校要求三大职能部门在微信公众号或工作群每日推送分享正能量文章和工作心得，长期坚持；校长坚持每天给干部分享各类文章，从不间断。

学习即重塑，学习可以增加我们的知识，学习可以提升我们的认知，学习可以完善我们的工作方法，学习可以改造我们的思想、净化我们的灵魂、装扮我们的精神面貌。

第二节　校长三自觉

"千教万教教人求真，千学万学学做真人"是陶行知先生教育思想的提炼。其实，求真学真在我国教育发展史上有着悠久的文化传统。在大力倡导弘扬优秀传统文化的当下，中小学校长理应践行这种文化自觉，将"求真理，做真人"的思想贯彻到教育和生活中。

"文化自觉"的概念是费孝通先生于 1997 年首次提出，目的是适应全球一体化的发展趋势而提出的解决人与人之间关系的方法。文化自觉主要有三层内蕴：一是建立在对“根”的找寻与继承；二是建立在对“真”的批判与发展上；三是建立在对发展趋势的规律把握与持续指引上。这种文化自觉是对文化地位作用的深刻认识、对文化发展规律的正确把握、对发展文化历史责任的主动担当。

作为中小学校长，践行文化自觉，表现文化自信，必须了解、掌握中国优秀传统文化的根脉是什么，唯如此方可发展求真学真这一优秀的文化教育传统，从而正确引领中小学教育的健康发展方向。

儒家、道家、释家是我国传统文化的三条主线，把握三条主线的前提是学习儒道释三家的原创经典，追根溯源，传承根脉。国学大师傅佩荣先生在他关于解读老子的《究竟真实》一书里，用四个字概括了儒家和道家的特点，儒家是“真诚”，道家是“真实”。笔者认为释家的特点也可以用“真性”来概括。因此，行文化自觉，做“三真 ”校长，便顺理成章地成为我们中小学校长的历史使命。

一、做一位真诚的校长

孔子是儒家文化的创始者，孔子是如何表现“真诚”的呢？综合胡适先生的《中国哲学史大纲》和冯友兰先生的《中国哲学史》，“正名”“直”和“仁”，可以作为孔子思想的核心。

关于“正名”在《论语》有三个比较关键的表达。“政者，正也。子帅以正，孰敢不正？”子曰：“恭而无礼则劳，慎而无礼则葸，勇而无礼则乱，直而无礼则绞。君子笃于亲，则民兴于仁，故旧不遗，则民不偷。”齐景公问政于孔子，孔子曰：“君君，臣臣，父父，子子。”孔子“正名”的宗旨是要建设是非善恶的标准，确定社会成员的角色关系，建立社会秩序。

制定适合学校发展的战略和各项规章制度并选拔一批正派的人

担任管理者去科学地执行，是校长的首要职责。正派的校长带领着一批正派的干部，校园里必然充满着正派的氛围，各类的角色之间关系自然就会更和谐，制度执行起来就会变得顺畅。所以，正派是做一位真诚校长的基石。

"恶虚伪，尚质直"。"人之生也直，罔之生也幸而免"。孔子认为人的本性是质朴率直的，但如何保持这种本性并丰富它，是需要有条件的。

"叶公语孔子曰：'吾党有直躬者，其父攘羊而子证之。'孔子曰：'吾党之直者异于是。父为子隐，子为父隐，直在其中矣。'"有人偷羊其子供出，孔子认为这不是"直"，羊或被父亲偷或被儿子偷，父子双方都应互相保密不告发，才是"直"。这可能与今天的法律有冲突，但现实教育中老师在学生中培养"告密者"的现象不在少数，这不符合中国传统文化，也不符合西方文化，美国有部名叫《闻香识女人》的电影就是批判学校同学之间彼此告密的现象。

"子贡问曰：'乡人皆好之，何如？'子曰：'未可也。''乡人皆恶之，何如？'子曰：'未可也。不如乡人之善者好之，其不善者恶之。'"孔子对这种"乡愿"现象是猛烈批判的，他说："乡愿，德之贼也。""好直不好学，其蔽也绞。""质胜文则野，文胜质则史。文质彬彬，然后君子。"光质朴还不行，还需好学，达到文质融洽统一才达到"质直"的标准。

校长不仅要"正"，还需"直"。要做到"直"，不是简单的说话做事直接、直通、直白，而是必须有鲜明具体的观点、原则和立场，既要遵守法律和规章制度，依法治校，又要尊重文化习俗，文化理校。校长还必须是"好学"的引领者，在专业能力和人文素养方面为人称赞，做到内容和形式的统一。由此，"质直"是做一名真诚校长的底色。

二、做一名真实的校长

《老子》的思想博大精深，古今中外解读著作汗牛充栋，难以尽数。在《老子》一书中，人是作为大自然一部分的“真实存在”，人与自然没有主次高下之分。因此，大自然的无为、柔和静，成为统治者治理天下的根本法则。

> “爱国治民，能无为乎?”“为无为，则无不治。”“太上，下知有之;其次，亲而誉之;其次，畏之;其次，侮之。信不足焉，有不信焉。悠兮其贵言，功成事遂，百姓皆谓:我自然。”“是以圣人处无为之事，行不言之教。”“功遂身退，天之道。”

“无为”由“无”和“为”两个单音节词组成，即“无为”和“有为”，就是指不做什么和做什么。不做不合“道”的事，不做不合规律的事，反之亦然。爱国治民均须遵循“无为”的原则。最好的统治者，人民并不知道他的存在;其次的统治者，人民亲近他并且称赞他;再次的统治者，人民畏惧他;更次的统治者，人民轻蔑他。统治者的诚信不足，人民才不相信他，最好的统治者是多么悠闲，他很少发号施令，事情办成功了，老百姓说，我们本来就是这样的。“功成事遂”之后，必须“功遂身退”，这是“天之道”。道家强调物极必反。

校长作为一校之“长”，制定学校发展战略和发展规划，既要遵循教育发展的规律，也要遵循学校发展的规律，如何把握这两个规律、融和这两个规律？在学校发展的不同时期，什么该做什么不该做？什么该管什么不该管？做到什么程度？管到什么阶段？要回答这些追问不仅需要知识和经验，还需要智慧和境界。

如何“有为”？“专气致柔，能如婴儿乎?”《老子》在书中用一反问语气作答。《老子》一书多次运用婴儿譬喻，因为婴儿阶段是人的最本真、最淳朴、最真实的状态，只有这种状态才能"致柔"。北京大学国学教授王碧波先生将"专"解为"抟"，小到一个家庭，大到一个单位、一个国家的治理，可以形象地理解为里面的各类因素喻为"气"，要达到"气顺"，即"致柔"，必须像"抟面"那样精细耐心地糅和，条分缕析地揉搓。此外，还要像水那样"不争"，《老子》第八章："上善若水。水善利万物而不争，处众人之所恶，故几于道。居善地，心善渊，与善仁，言善信，政善治，事善能，动善时。夫唯不争，故无尤。"我们应该向水学习，妥善运用这七善，就可以达到无往而不利的境界。表面上根本不与别人争，但最后整个大势依然往自己遵守的规律的方向发展。有人说："流水不争，争的是滔滔不绝。""滔滔不绝"就是大势，就是规律。

校长作为一校之"长"，以柔克刚、刚柔并济、柔性表达的方法耳熟能详，但能够做到者其实寥寥。"专气致柔"是基本功，但做到世俗的"不争"是很难的。当然这种"不争"指的是自然界的客观规律。但是作为校长，作为管理者，与下争犯了根本大忌。"不与民争利"应该作为校长的一条底线。

如何开启智慧？老子的方法是"致虚静，守静笃"。《老子》第十六章："致虚极，守静笃，万物并作，吾以观其复。夫物芸芸，各复归其根。归根曰静，是谓复命。复命曰常，知常曰明，不知常，妄作凶。知常容，容乃公，公乃全，全乃天，天乃道，道乃久，没身不殆。"抱虚守静，虚静合一，万物才能蓬勃生长。王碧波先生认为，道家治理的方法是"内观"，人的自身系统是同源于外界系统的，要达到"天人合一"，必须内观自身，使自身的系统被观察得清楚，才能得到内在的和谐，只有内在的和谐方可得到人与自然的和谐。老子认为，返回根源叫作“静”，“静”就是回归本来状态，“静”之后才能“观”，才能看得清楚事理，通晓本源。所以，“不欲以静，天下将自定”。

校长作为一校之“长”，坐住板凳的“身静”是基本保障，守住孤独的“心静”是基本定力，在物欲横流、利往利来的物质世界，如何安放内心、内观心灵，让自己的全力全心投入的治校作为与教师的发展、学生的成长得到和谐共进？这是立志有为的校长们必须深沉思考的问题。

三、做一名真性的校长

释家虽然源于古印度，但由于其深耕于中国传统文化的土壤中，与中国传统文化互相融合，落地生根，早已成为中国传统文化的一部分。释家有三点值得我们学习。

一是“缘起性空”。这是佛陀的原创理论。根据这一理论，所谓不存在，并不是真的不存在，而是说一切事物都没有自主性，都是由很多元素通过各种机缘暂时聚合，又迅速消散的产物。一切都是互有条件而产生。所以，有果必定是有因的，就是所谓的因缘。既然诸法都有条件的存在，那么就是因为有条件的存在，就可聚也可散。所以说“缘起性空”。从这个角度来说，佛学属于无神论的。科大前校长朱清时先生举例谈“缘起性空”因果关系：“要得到一棵苹果树，首先要有一粒苹果的种子，这是‘因’。但是单靠这粒种子也不会长成一颗苹果树，比如把种子放在仓库里，无论放多久也不会长出树来，所以单有因是结不出果的。一定要将种子放在土壤中，并且要有适当的水分、阳光、温度、肥料等等的配合，种子才会发芽长大，最后长成一颗苹果树，结出苹果来。这里的土壤、水分、阳光、温度、肥料等等，就是‘缘’。所以

'因'一定要配合适当的'缘',在因缘和合之下,才能生出果来。"

二是"众生平等"的思想。《金刚经》:"如是我闻。一时,佛在舍卫国祇树给孤独园,与大比丘众千二百五十人俱。尔时,世尊食时,着衣持钵,入舍卫大城乞食。于其城中次第乞已,还至本处。饭食讫,收衣钵,洗足已,敷座而坐。"佛陀不仅提倡众生平等,还身体力行,凡能自己做的不让他人代劳。佛教的诞生直接原因就是反对有着浓厚等级色彩的婆罗门教。

三是"降伏其心",《金刚经》里反复提到:"云何应住,云何降伏其心。"要怎样降伏我们的心,要怎样安住我们的心呢?就是"无所住相",就是要修行到"无我"的本性状态。《老子》第二十二章:"不自见,故明;不自是,故彰;不自伐,故有功;不自矜,故能长。"孔子在《论语·子罕》说过:"子绝四:毋意、毋必、毋固、毋我。"儒道释在"无我"这点上相通了。

做"真性"之人,校长必须认识"因"这个客观条件,同时要把握"缘"这个主观因素,因缘聚合,主客观条件并具,才能掌握治校规律,从而推动学校稳步发展。学校稳步发展的核心是人的发展,以平等思想尊重教师和学生,以"无我"的修行,落实立德树人根本教育目标。

儒家文化强调"内省",须"真诚";道家文化强调"内观",须"真实";释家文化强调"内悟",须"真性"。儒道释三家各有特点又相成体系。学校作为传播优秀传统文化的主阵地,校长必须主动担当,自觉践行,做"三真"校长,修成人生"三重境界"。

第三节　管理三素养

民办学校虽是学校，但由于其办学特点、财务特点，这也就决定了它既是一所学校，也是一家企业。因此在学校管理中，作为创业的掌门人——校长，必然会涉及企业管理的相关专业知识。

管理企业千头万绪。虽然有很多相关理论知识和成功商业案例可供参考，但是在具体实践中有时仍然找不出头绪。这不仅需要加强学习，而且需要在管理实践中不断总结、梳理、提炼，得出具体可行的方法，以应对瞬息万变的外部环境和内部环境。方法原则固然很多，以下将从三方面进行论述。

一、三可原则

"三可原则"是可操作、可控制、可量化。这主要涉及以下三个方面。

(一)决策原则

科学决策是企业家的必备素质。决策的好坏决定着企业发展的方向，影响企业发展的质量。在决策的前期，决策者要充分调动决策因素。大量美好的蓝图在脑中闪现，许多美妙的创意在激烈碰撞，很多具体的意见扑面而来。这些蓝图、创意、意见如果梳理好，能够贯彻可操作、可控制、可量化的"三可原则"，就可以成功转化为现实的决策。现实生活中，我们经常遇见满脑点子的人，这些人往往绘声绘色地阔论自己的想法，认为只要采纳了他的建议，企业马上就会突飞猛进，实现目标。殊不知，好的想法或决策离落地还有十万八千里，这中间有着复杂的转换过程。这不仅表现在非决策者身上，还会发生在决策者身上。成功的企业家也有可能违反"三可原则"，他们的早期成功会让其头脑发热，盲目自信占了上风。

(二)管理模式

小微企业业务少、规模小、人员少，决策容易控制，调整完善方便，谁干好干差一目了然，"三可原则"体现得不明显。但随着企业规模不断发展壮大，管理模式的选择必须正视。否则，企业就会出现无序难控的低效状态。如果发展到拥有多个事业部的集团化企业，一般多采取总部垂直和分部直管两种并存模式。例如，万达集团，董事长王健林现在只管总部的审计这一件事，审计万达属下所有企业的财务状况。各分部的具体业务直接下放，与各分部的责权挂钩。又如，万科集团在初期，万科各地分公司的任何业务都需要总部论证通过，后来业务太多，总部不胜其烦，为提高效率，总部把分公司的项目论证一律下放，总部主要控制分公司的项目质量、盈利水平和财务审计这些。无论哪种模式，都要遵循"可操作、可控制、可量化"的"三可原则"。

(三)评价手段

评价是企业管理健康发展的保障。无评价无管理。大到国家政策方针的推行，中到企业管理落实，小到家庭教育，无不与评价密切相关。评价是指挥棒，决定发展方向。改革开放以来，邓小平提出"发展就是硬道理"，一切有利于经济发展的举措都值得提倡，鼓励大家突破禁区，放大胆量，大力发展经济。中国经济经过近三十年的发展，现在经济总量位居世界第二。但由于在发展经济的同时，没有制定相应的评价制度，对环境污染等问题不够重视，导致现在环境恶化。以上国家评价制度实际上都没能够很好地贯彻“三可原则”，出现两种极端。好的评价制度能够促进企业的高效发展，差的评价制度会抑制、阻碍企业的发展。

二、三规意识

一个健康的企业，必然有一套成体系的管理制度，保障各项工作高效运转。完备的管理制度可以分为三个层次。

（一）定规章

规章一般和制度联用，词义偏指制度。实际上规章制度包含两个方面。规章一般是浅层次的，包括很多成文的和不成文的规定。有的规章能够或者必须上升为制度，有的可能就是临时性的，随着情况变化就会取消。但是，我们不要忽视规章的重要性。一般来说，企业都会经历由小变大的过程。小微企业不宜制定过多的制度，适宜确定一些规章。因为小微企业的人员少，老板和员工的界限模糊，业务简单，如果制定太多的制度，会限制办事效率。重要的几件事可以“明文规定”，其他的就没有必要“作茧自缚”了。大中型企业也要确定一些规章，作为应对一些需灵活处理的情况。

（二）成规范

企业发展变大以后，就必须建立现代企业制度。这个制度，就是规范。如何定制度，要根据企业不同类型，没有完全相同的企业管理制度。有人说，成功的企业可以学习，但不可复制。我认为，这不仅是模式不可复制，其制度也是不可复制的。否则，我们就不需要花那么多的力气去建章立制，直接照搬就可以了。但并不是说建章立制无迹可循。在制定企业制度时应遵循“三个动作”原则，即规定动作、规范动作、优化动作。把企业的行为分为三个层次，每个部门需要做的事情必须清晰地摆出来，就是部门人员需要干哪些事情，这就是"规定动作"；然后对这些工作提出标准，达到标准就是"规范动作"；重要的核心的部分，需要进一步达到一个层级，就是"优化动作"。这样的表述，思路清晰，形象易记，方便掌握。其实，制度不在于多，不在于繁，而在于精。史玉柱在创办巨人集团的时候，建立了许多繁杂的系列制度，虽然许多制度讲在嘴上、挂在墙上，但是由于不可控，不能形成环环相扣、互相制约、互为补充的严密体系，导致"巨人大厦"轰然倒塌。后来他在二次创业的时候，要求各项制度必须直逼核心事务，制度册必须薄了再薄。把规章和制度区分开来，大大提升效率。史玉柱的东山再起，与此不无关系。

（三）守规矩

规矩，是个中性词。但在中文语境中，它是具有丰富涵义的词。在国家及企业管理中，规矩既包括以上阐述的规章和制度，更含有一些只可意会难以言说的内涵。如果说规章和制度是西方管理学的表述，那么规矩可以说是中国式管理不可回避的重要方面。中共"十八大"以后，党中央提出党的干部要讲规矩，守规矩，不可妄议中央。什么是"妄议中央"？这个"规矩"怎么界定？实际上，连中央在强调"不可妄议中央"这个"规矩"的时候，也没有展开解释。中国企业管理家在管理企业时，既要建章立制并践行完善，也要讲究中国式管理之道。当然，中国式管理规矩我认为主要还是针对核心领导层来说的，有些规矩可以用适当的方式讲清楚，有些规矩也可以用中国式的方式方法"旁敲侧击"，以期彼此默契。

三、三细能力

企业的掌舵者既要有顶层设计的宏观能力，也须有洞察细节的微观能力。无论企业处于哪个发展阶段，只不过不同阶段掌舵者的侧重点不同而已。企业规模小的时候，在细节落实方面是重点；企业规模大了以后，就不能摸着石头过河了，需要顶层设计规划并使之得到落实。细节决定成败，细节体现在态度，成功取决于能力。这种能力，主要体现在三个方面。

(一)细还原能力

做企业必须把客户放在第一位，这是共识。企业品质体现在多大程度上践行"把客户放在第一位"原则。华为公司把这一原则推行到了一种极致。如何贯彻呢？企业管理中提出"换位思考，还原现场"的口号。换位思考是指导思想，企业的换位思考需要有现场意识，需要有"还原现场"的能力。而还原现场其实反映的就是服务立场，对方立场，受众立场。举个最常见的需要还原现场的例子，我们经常会收到朋友宴请的短信，在告诉你宴会地点这一关键信息时，常常说不清楚。短信一般会表达某酒店在某某路与某某路交口处。当你开车快到达这一地点的时候会发现酒店并不好找，这时你会打电话给邀请你的主人，几乎每一位客人都会打电话问一遍。其实，认真分析会发现，"在某某路与某某路交口处"可能有多种情况，客人在到达路口后到底怎么选择呢？为什么会出现这种情况？一是酒店短信没有"把客户放在第一位"的服务意识和还原现场能力，二是朋友做事考虑不够周全。

(二)细分析能力

企业发展形势错综复杂，需要及时分析，细致分析，准确分析，以获得最有价值的信息和规律。细致分析是基本要求，准确分析是基本目标。数据分析和文字分析是细致分析的基本方法。大数据的意义和作用不言而喻。但在企业内部具体分析问题时如何采集数据、分析数据，是一项细活，技术活。要对核心数据长期跟踪，形成能够验证的数据链，这样数据才有作用。同时，对数据和形势作出准确定性的文字分析，意义更加重大。毛泽东十分重视分析形势并付诸文字，他曾说："写文章，可以锻炼头脑的细致准确性。客观事物是独立存在的东西，全面地认识它，写成文章是不容易的事情。经过多次反复，才能比较接近客观实际，写出来经过大家讨论一下，搞成比较谨慎的作风，把问题把思想写成定型的语言文字，可以提高准确性。"做工作的前提是正确认识客观世界，而"文章是客观事物的反映"，因而写文章有助于人们正确地认识客观世界。经过不断写文章、改文章、集体讨论文章这些方法，主观和客观就渐趋一致了，做工作的基础也就有了。在管理实践中，对各层管理者要求，务必做到工作文字化，分析条理化，不断提升细致的文字分析能力，加强干部的思维训练，以应对复杂的发展形势。

(三)细落实能力

再好的设计如果不能匹配坚实完善的细节去落实，那么企业的目标就难以实现。企业家管理企业无外乎三件事：顶层设计、细节落实和调整设计，而调整设计主要来自于落实中的发现细节问题。所以，企业家必须带头讲细节，抓关键细节的有力落实。如果仅关注宏观的、理论的，仅靠听汇报、看结果，对一线大量鲜活具体的细节没有感知，没有敏感性，这个企业就会十分危险。企业管理更多的是实践，务虚当然必不可少，但务实往往更可贵。

第四节　成功三要素

贯穿著名实业家稻盛和夫的三本著作《活法》《干法》《心法》的核心就是他发明的成功方程式:人生和工作的结果＝思维方式(－100～＋100)×努力(又译作“热情”0～＋100)×能力(0～＋100)。一个人的人生和工作是否成功,可以用这个公式量化形象地表现出来。仅看方程式的后两项比较好理解,比如,张三的能力值是50(不及格)、努力值是80,而李四的能力值是80(优秀)、努力值是50,两位的成功值都是4000,这个结果经常用来鼓励那些资质浅但后天非常努力的人,同时也来用批评那些天资好但不努力的人。稻盛和夫的伟大之处在于在这个公式的前面乘以“思维方式”,而且思维方式的区间是－100～＋100。延伸上面的例子,如果张三的成功值是2000,李四的是4000,张三的思维方式值如果是80,李四的思维方式值哪怕是－1,他的成功值居然是－4000。显然,思维方式对人生和工作起决定作用。

结合这个公式的解释以及稻盛和夫的人生经历,再来看这个公式,从教育的角度至少可以得出以下三点结论。

一、学校教育的侧重点必须调整

现在的学校教育只重视或过于重视“智”的教育,即能力教育,而能力教育的结果就是追求“分”。努力教育也是紧紧围绕能力教育的,为能力教育作保障的。思维方式教育,处于比较淡薄、肤浅、模糊的状态。思维方式是看待事物的角度、方式和方法,它对人们的言行起决定性作用。稻盛和夫强调“改变意识”和“善的思维方式”，鼓励人们要怀揣美好愿望，保持积极状态，尤其是当面对困难的时候，应该选择朝着哪个方向走。如果学生对未来没有信心，对未来成为什么样的人没有规划，或者由于认为自己家庭困难、社会地位低而认为自己不具备成功的基础，从而放弃继续努力，这就是他的“出身决定论”的思维方式出了问题。如何直面困难，如何面向未来，应该始终置于学校教育的核心位置中。

二、如何选人用人

对于学校招聘新员工来说，现在无论是看简历还是考试，基本只能看到能力情况，努力值和思维方式值几乎难以分辨。这就提醒用人单位，要重视淘汰式培训，完善培训体系。通过培训发现那些努力值高的员工比较容易，但思维方式想要考察清楚就比较难了。对未来到底有没有信心以及对自己即将要从事的工作到底有没有兴趣，这些因素是很难通过培训发现的。现在不少年青人，考试、面试、岗前培训等各个环节都很优秀，但当到了实际工作中遇到真正的困难时，其真实状态就暴露出来。过去公办学校人员调动或入党，用人单位都会到对方原单位进行考察，或到其居住的地方进行暗访，是非常有道理的。对于用人尤其是选拔干部来说，重视品德是没有问题的，但一个品德高尚的人如果没有勇于改变的现状、带领大家充满激情地迈向未来的品质，则认为这样的干部肯定是不作为、难作为的。思维方式、品德、努力、能力，应该是选拔干部的顺序要素。

三、自我管理的术与道

季羡林称赞稻盛和夫是企业界少有的兼有企业家和哲学家品质的人。稻盛和夫的“三法”看似是“法”，是“方法”，是“术”，其实主要还是在谈人生，谈经营哲学，是属于“道”的范畴。应该怎么做人，怎么办企业，怎么办教育，微观的术法难以计数，当然这也是非常重要的。但更为重要的是，我们要思考做人、做企业、做教育的最终目的是什么。稻盛和夫认为，善的“思维方式”不仅能唤起自身努力的“自力”和周围人给予援助的“他力”，还能唤来超越这一切的、来自伟大宇宙的另一种“他力”。如果每个人都改变意识，都持有善的“思维方式”，那么，就可能超越个人，改变整个集体、整个社会、乃至整个人类的命运。

第五节　纪行加拿大

2016 年 4 月 27 日至 5 月 6 日，应全国民办教育协会邀请，合肥民办教育协会一行 5 人与来自北京、广州、深圳、昆明的民办教育界同仁一起共计 15 人，在全国民办教育协会副会长、教育部前基础教育司司长郑增仪的带领下，对加拿大温哥华、多伦多和渥太华的公立高中教育进行了考察访问。本节主要摘自笔者出访期间每日所写的考察日记。

考察维多利亚市苏克高中教育

今天考察了三所学校，主要是两所高中，顺便参观一所小学。

上午 9:30 开始，苏克教育局负责国际教育的负责人全程接待了我们。考察了两所高中。重点是第一所高中。

与去年九月份英国学校考察不同的是，两所学校校长都没有出面(第一所中途碰见校长，仅打招呼他就去干自己的事去了)，可能是与加拿大教育的公办体制有关，教育局全权代表学校了。但两所学校的校长都没有接待我们，对于我们这些人来说感觉似乎缺了点什么；相似的是，会议室接待，没有欢迎标语，没有茶水，没有PPT，仅有不到五分钟的简短介绍(加翻译)。尤其突出相似的一点是，让我们提问。而我们好像也不习惯刚一见面还没热场就提问。或许我们的访问功课也没做足，提问的很少。虽然对方很随意，甚至介绍时全程是半个屁股坐在桌子上。不过，通过介绍，我们了解到，第一所高中850名学生，60名国际生，25名中国学生，30个行政班；第二所高中1200名学生，中国学生80多名。加拿大基本上是公立教育，国际教育当作产业来做，可以起到丰富经费的作用，也与他们国家移民政策密切相关。

两所高中的硬件给我们留下深刻的印象。外观上看就只是一栋楼，完全钢构框架结构，都是三层。走进去，教室、图书室、篮球场、健身房、食堂、休息厅、办公室等功能区相互通联，融为一体。仿佛进入购物中心的感觉。教室大小不一，摆放甚至杂乱，不同功能的教室风格各异，学生厨艺教室、木工教室、服装设计、汽修等教室让我们大开眼界，文化课教室甚至有玻璃墙相隔相连，两位老师共同上课，这背后的备课难度难以想象。楼顶也被充分利用，楼顶篮球场让人耳目一新，特别是可升可降的篮球架设计匠心独运。这种学校建筑的设计与我们的学校有两个显著不同：系统观，非标准化。把教育的过程放在一个系统内考虑，充分体现方便教学、方便学生学习生活娱乐的全过程，方便全面"走班"的教学模式的设计理念，大大节省了师生时间，提升了空间利用率；两所学校虽然都是这种建筑模式，但内部功能区的设计迥异。体现共性，突出个性。这种学校建筑，很值得我们借鉴。

我们没有走进课堂，对他们的课程设计等内部教学没有深层了解。游览教室，教师上课有坐在桌子上的，有坐在椅子上的，有停下上课与我们打招呼的，还有打着手势示意拒绝我们拍照的；留意课下，学生有坐在走廊上的，有一转身进入旁边图书室的，有立即走进健身房的，也有卿卿我我打情骂俏的……用我们的标准看，教师要挨批，学生要被处分。自由自在的似乎心不在焉的教与学的状态，让我们这些平时善于“指手画脚”教育者们，不知作何评价。

自然野趣的校园

下午顺便参观了一所小学，100 人左右。进入学校得过一座简陋的斜拉索木板桥，学校操场不是塑胶的，草坪也不怎么齐整，操场周边有坡有树，据介绍，学生课间经常爬树。教室墙壁的一侧尽是书橱，课桌均是以小组围绕圆圈摆放。看到音乐老师上课时，把桌子拉到墙角，便于学生跟着老师伴着旋律边歌边舞；美术课，学生坐在地板上，跟着老师圈圈画画；电脑课，我看学生们好像玩得很开心。从建筑到课堂，没有人介绍，我们仅仅看看作罢。

参观安大略省教育局

上午九点多，我们一行来到多伦多安大略省教育局管理下的一所高中。相比温哥华岛的学校参观，今天对方的接待可谓“高大上”。教育局的负责国际教育的几位官员及学校校长等出面接待我们，个个西装革履，有会议室 PPT 讲解，有矿泉水，有礼物，有午餐，有作客他乡之感，似乎减轻了昨天一天长途颠簸的疲惫。

学校接待很别致，从教育局官员采访中国留学生开始。通过彼此一问一答，我们了解到，这位来自上海的高中生认为加拿大大学在世界上非常优秀；选择法语学校是因为他认为法语是一门优美的语言，在国外找工作相对容易一些，这是一种错位选择；这位学生住在寄宿家庭，寄宿家庭是其学习和生活的重要部分，在寄宿家庭必须讲法语，经常参加寄宿家庭的诸如故宫活动、志愿者活动等活动，融入寄宿家庭，不仅提升自己的法语水平，而且体会到法语文化；法语学校的国际生少，一般必须和加拿大学生一起参加游泳、弹琴、足球赛和万圣节等活动，这相对中国学生比较多的英美等国家，能够减少伙伴依赖，更好地融入当地文化；学校上午九点上课，下午三点二十放学，每天 4 节课，每节课 75 分钟，中午一个小时休息；一个班 20～30 个人，走班制，老师布置的作业很少；国内初中毕业的水平可以支撑这边上高中；生物化学物理放在一起，属于科学课，一个学期三次考试；这里国际学生比较多，亚洲的日本、韩国学生多，中国学生比较少。

接下来是安大略省教育局的几位官员分别作了一些介绍。安大略省是加拿大的一个法语省份，我们到的这个教育局学区面积相当于瑞士国家大小，从幼儿园到高中有 40 所法语学校。我们到的这所高中(行程介绍中没有提及具体高中名称，上下文同。)和本省的其他高中相比硬件很完善，教室、办公室等装修体现绿色意识，注重环境保护，是全球唯一 ISO 认证的学校其课程体系完善，教育质量水平在全球排名第八。安大略省 5 所学校可以提供国际性特色 IB 课程，鼓励学生自己学习。A 省证书、IB 证书和国际性高中认证学分，可以作为申请大学的一种依据。ESL 课是为国际学生帮助的，不计学分，但对国际学生非常有用，使学生与各科教师保持密切沟通。为帮助国际学生语言上的不足，给刚进校国际生进行语音测试，给在寄宿家庭有困难的学生提供语言上的帮助。安大略省课程体系是独立的，并且一直进行不断的完善。课程设置灵活，有很多技术性课程和服务性课程，过程中可以去专科学校学习，自学课程完成学分。有的课程是与大学合作开设的，在高中取得的学分大学时给予认可。幼儿园到六年级为一个学段，初一到初二为一个阶段，初三到高三为一个阶段，高中完成30学分，并参加40小时社区服务才能拿到毕业证。

有两点让我很有感触。一是学校开设学生成功学课程，主要就是给学生作免费辅导，有专门的老师给学生进行学习方法指导，做学生的学习导师。帮助国际学生尽快融入。有很多种帮助方式，如反馈式、自我评价。并把这些信息传递给科任老师，方便老师改进教学方式。另一个是，学校在特殊教育方面很重视，学校会针对有沟通障碍、阅读障碍、视力障碍等在我们看来这些学校中普遍存在的"特殊群体"给予帮助，比如有的学生喜欢安静环境才能进入学习状态，学校就会帮助提供安静环境；有的学生阅读速度慢，写作能力差，学校安排老师帮助指导方法技巧；有的视力弱，学校提供阅读器等技术上的帮助；坐在教室后面的学生，可以在教室课桌上安装同步显示屏……尽力做到让每位学生不掉队。学生的学习生活等细节记录在某种"档案"中，方便学校因材施教，有的放矢。特别感动的一点，学校专门为一个有听力和视力障碍的中国学生配备了辅导老师，为学生全程提供帮助。学校在带领我们参观校园时，我们一路拍照，但当我们对着一群智障学生的课堂拍照时，遭到科任老师的强烈反对。我们非常尴尬，虽然我们之前并不知道这群学生是智障学生。这回应了我们刚刚进校门时的惊奇，男女厕所外面夸张的男女巨幅差别图案设计，原来是方便这群智障学生如厕的。

参观的学校建在相对偏远的地方，周围没有我们的所谓学区房，也没有其他住宅区。学校建筑设计与温哥华地区的相似，周围停满了汽车,据介绍不少是学生开的,加拿大允许满16岁即可开车。校区不大,但外边的操场可以用"巨大"来形容。

参观 Upper 教育局

今天一天安排考察安大略省 Upper 教育局,并参观辖区一所高中。

Upper 教育局的接待最正式,与安大略省教育局相比,不仅有会议室PPT讲解,有矿泉水,有礼物,有午餐,而且有笔和本子,每人给一份非常详细的接待时刻表,午餐还有水果和热汤,汉堡做的也很精致。并且,教育局局长亲自出面致辞,让我们有点小激动。据主持人介绍,局长不是上面任命的,是同事民主选举的。前后有8位领导、专家分别从不同方面把 Upper 教育局所辖区域的基础教育情况作了介绍。通过讲解,了解到其中几位与中国"关系深厚",有的来中国十几次,有的亲戚与中国人结婚生子。

其中两位的讲解印象深刻。一位是英语教师,主要介绍如何帮助尽快地融入加拿大的语言环境中。针对国际学生,在寄宿制度的预防机制、针对不同学生采取量身定制的教学方法、学生学习成长改善计划、引导学生敢于表现阐述的语言训练教法等方面的工作作了详细讲解。另一位担任过5所学校的校长,去过中国很多地方。他介绍安大略省有74个教育局,4000所小学,7.5万名小学教师,5285名小学校长、副校长,919所中学,2047名中学校长、副校长。安大略省公立教育投资预算为每年220亿加元。Upper 教育局有74所小学,1200名教师,23所中学,700名教师 50名校长、副校长,K12有26800名学生,预算3.5亿多加元。他还介绍了政府换届后本地教育的重大调整,加大了教育投入,并着重介绍了在线教育情况。为了帮助每位学生成功(开设成功学课程),充分利用网络资源为学生学习提供方便。建立了世界上最大的在线教育平台,为学校服务内容主要是提供网络课程,弥补学校课程的不足;更重要的是,为学生提供帮助,学生可以通过视频等方式与教师在线交流、在线求助,教师可以快速反馈。这些为学校和学生提供的在线教育,都是免费的。在线教师由政府统一安排、统一管理。

下午在教育局负责国际教育官员的带领下,参观了 SECONDARY 中学。学校除了带我们参观了校园,重点让我们根据课表选择不同课程,分组走进教室听一节课。学校领导分工陪同,并给我们提供教室位置示意图(虽然学校不大)。我和两位校长选择听的是社会学和哲学,这两学科是作为一门课来设置的,学校校长和翻译陪同。这门课每节课设定 75 分钟(加拿大每门课的时长是不同的),我们听了 30 分钟。其实谈不上“听”,主要是看,并能和校长、课堂教师随时交流。教室属于教师的,学生走班。

说说我“看”到的这半小时课。这半小时的课可以用“四无四有”来概括。“四无”:一无黑板讲台;二无形象,教师在教室是窜来窜去的,或许这么形容不恰当,但很形象,因为这位教师不是走正步的,一会走直线,一会是退着走的,一会蹲着,一会坐在学生桌子上,一会窃窃私语,一会激烈探讨,全无我们所谓的师道尊严。三无讲课过程,我们上课讲究起承转合,开始一过程一小结,以教师讲为主,适当提问探讨。这位教师的课堂像我们的自习课,他不讲课,也没有教材,主要和学生聊天。四无纪律,课桌随便摆,每个教室课桌摆的都不一样,学生随便坐,有单独坐的,有分组坐的,有在拐角好像旁听的,有着正装的,有穿短裤穿拖鞋的,有看手机的,有看电脑的,有说笑的,有小组讨论的，有和教师讨论的，还有揪着陪我们一起听课的校长热烈讨论起来的，而校长也乐于参与讨论。"四有"：一有主题，与这位教师交流，他们的课堂主要就是交流，按照课前预设的主题，学生课下查资料，课堂与同学交流，与教师交流，形成对这一主题的认识。二有见解，学生好的观点、认识、思路，拿出来分享，张贴于教室墙壁，这个教室四周几乎被贴满了。三有发散，这门课没有固定标准的所谓权威的框框条条，是门极具发散思维的课，训练学生的思维能力，训练队社会问题的认识、辨析。所以，教师的作用就是帮助学生提供思维方法、训练方法以及这方面的代表性观点的提供分享。四有压力，学生课前要做查阅资料等大量工作，否则课堂不能交流，不能分享，不能深入。教师不占有"制高点"，也不能驾驭组织的。

这种"四无四有"真是颠覆了我的课堂观。

小　结

不到十天的行程，对幅员辽阔的加拿大不可能提炼出什么独特的感受和见解，仅就我看到的和听到的，与考察内容密切相关稍作总结，挂一漏万，粗浅一说。

1."以人为本"教育思想不只是口号

走廊上的校史

每所高中校舍均是一体化设计，教室、图书馆、实验室、健身房、食堂以及健身房等，就在学生身边，相互通行只需要一个转身即到，体现出一切便利学生的设计理念。国内的这些均所一般都是分开独立成栋的建筑。尤其是中学图书馆，即使学生有时间也要走不短的路，还要经过一些程序，显得很烦琐；还有实验室，我们见到他们的理科实验室与教室是放在一起的，教室的前面一半是课桌，后面一半是实验室，这种设计在我们看来简直难以想象。还有，到国内一些名校参观，一般会被带到表明该校辉煌历史的校史陈列室，在这里看不到，他们的校史基本上都贴在校舍走廊内，这里的教职工和学生时刻感受到学校的历史和文化，体现出学校各类教育要素融为一体的教育观。

2.资源丰富，但看不到浪费

加拿大鱼类和野生动物丰富，但保护严格，措施细到超出你的想象。加拿大虽然地广人稀，但非常重视环境保护，自然资源保护得很好，我们从西海岸到东海岸，从南到北，地面一尘不染，天空一片湛蓝。学校开设环境保护课程，充分利用空间的校舍设计，垃圾精细化分类，等等，无处不体现他们的环保意识和节约意识。

3.学做统一是真做，实践课不是摆设

让我们惊奇的是，几乎每所高中均开设有烹饪课、木工制作课、汽车修理课等与生活息息相关的技术课程，这些操作性课程占据的校舍空间大，投入多，器具、材料一应俱全，与实际情况一模一样。我们所去的四所高中均参观了这些课程，各校的校舍空间、器具材料差别不大。烹饪课程虽然不计入学分，但要求每位学生必须学习，而且要会做。我们到的最后一所高中，学校的早餐和午餐全部是学生做的，食堂仅有一位职工，负责场地管理，具

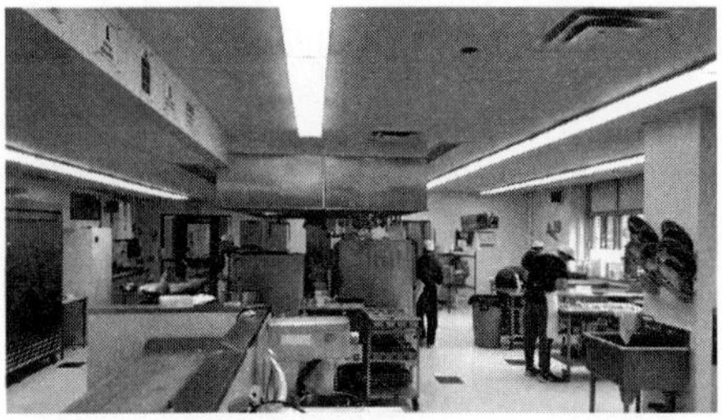

烹饪教室

体食品全部由学生轮流值日制作，这种做法超出了我们的想象。木工制作和汽车修理等课程，有的是认学分的，如果考大学继续选择相关学科，高中的学分可以带到大学去。木工制作分类也很细，像造房子、做家具、船舶制作，等等。我们到第一所高中时，有人嘀咕这是职业高中，待看完几所高中得知均是如此时，才打消这种怀疑。

加拿大的基础教育非常注重培养学生的动手能力这种综合素质，并把这种培养衔接到高等教育，连接到生活实际中，培养活生生的人。这种做法正是完整体现了美国教育家杜威的教育核心观点：教育即生活。

遗憾的是，对加拿大私立教育现状没有了解，加拿大实行全民免费公立教育，私立教育处于什么地位，占多大比例等，组织方没有提供资料；另外，公立教育教师的动力评价机制问题他们是如何解决的，过程中我提问过，但没有得到回应。而且，教育局与学校处于一种什么状态下的行政关系，也语焉不详。

附录

践行尊重文化，完善家校沟通

教育心理学的常识告诉我们，遗传、环境和教育是人认知发展的三要素，三者互为前提。遗传因素是物质基础，提供了认知发展的可能性，环境和教育是把这种可能性变成现实的有效有段。严格地说，环境包含着教育，或者说环境本身就是教育，这里的环境当然包含家庭、学校及社会，三位一体，但随着社会发展的需求，寄宿制成为现代高中教育的趋势，而寄宿制的教育管理的新形态有利有弊，主要弊端就在于对三位一体的割裂，所以寄宿制学校的教育管理成为新课题，因为传统学校教育更多关注的是课堂教学，淡化或忽略了管理教育。如何在现实背景下重建家庭、学校与社会的三位一体，寻求学生成长发展的合力成为学校管理的迫切需要。

本文试图从寄宿制的特殊环境和当代高中生这一特殊对象为切入点，结合皖智中学“尊重文化”的实践，就如何完善家校有效沟通，寻求教育合力，从以下四个方面提出思考与探讨。

一、寄宿制学校的现实背景

在传统中国社会以及传统家庭中，孩子的成长一直是伴生式的，是在与上一代朝夕相处中完成的，但是现在年轻一代父母多数已经无暇也无力以陪伴的方式实现对下一代的教育培养，寄望于祖父母一辈的照看显然又不能适应现代教育的要求，于是，家庭教育的无助催生了寄宿制学校的普及与发展。它的好处首先就是解放了父母，减轻了教育孩子的负担;其次是让孩子特别是独生子女融入群体环境,有利于个性发展与人格养成;同时也免去了上学放学在路上的时间,让孩子有更多时间集中精力学习。但利弊总是共生的,寄宿制学校的弊端也是显而易见的,马克思的教育观认为,教育是促进人的全面而自由的发展,寄宿封闭的一方净土割裂了或者说是疏离了孩子与家庭与社会的联系,尤其不利于全面人格的养成。学校管理者如何扬长避短,克服寄宿封闭的弊端,尤其是如何保持与家庭家长的有效沟通,寻求教育的合力,实现对下一代的全面、合理的培养,成为迫切的现实课题。

这是我们思考问题解决问题的起点。

二、尊重文化的内涵与意义

皖智中学是一所新生的学校,按照"高起点、高标准、高品位"的"三高"定位,秉持"尊重、安静、开放"的办学理念,追求"高端、优质、精品"的办学特色和"涵养正直人品、打造高效教品、成就优秀学品"的办学品格,着力打造并践行"骨子里尊重老师、心底处尊重家长、灵魂上尊重学生"的"尊重"文化,努力实现我们的办学初心:在中国,办一所好学校。

我们以"尊重"作为学校文化的核心关键词,就是基于对现代教育的深刻理解以及对学校发展的崇高期许。"尊重"的基本内涵是尊敬、重视,其实践意义体现在平等相待的心态及其言行之中。作为学校文化的主题词,我们赋予了三个维度的阐释:"骨子里尊重老师、心底处尊重家长、灵魂上尊重学生。"这是观念、是心态、更是言行的准则。教师是教育的主体,学生是教育的客体,家庭是教育的前提。教育主体的一切行为都需要基于对学生这一客体的尊重,包括对学生背后的家庭、家长的尊重。学校教育的成功实施正是基于这三位一体的合力，罔顾其一都将枉然。“心底处尊重家长”恰恰是最容易被罔顾被忽略的一端。

三、尊重家长的必然与必要

所谓必然，是注定如此的；所谓必要，是不可缺少的。实际调查发现，大多数家庭选择寄宿制高中是被动的，迫于无力无助而寄托于学校，但心理期待上又不同于幼儿时期的托管，对孩子在学校三年的学习成长，客观上存在牵挂与焦虑。这正是我们提出“心底处尊重家长”的客观背景，这种尊重，是理解是共情，是必然也是必要。

（一）寄宿封闭的特殊性决定着尊重家长的必然

我们的寄宿制学生是半个月放假一次，这种空间的割裂与心理的疏离对家长和学生两端都会造成一定的负面结果。如果沟通渠道缺失或信息互通不畅，家长一端对学校管理在观望中会产生误解、质疑甚至干涉、干扰；学生一端在高强度快节奏的学习生活中难免压抑、枯燥甚至孤独、忧郁，这种特殊性决定着学校必须在两端之间建立沟通平台。同时，教育是有特殊专业性要求的，不是每个家长都懂教育都会理解配合学校，所以，学校教育的源头必然要上溯到家庭，这种延伸的教育必然要求以尊重为前提，才可以建立互信消除误解争取配合。

（二）教育目标的趋同性决定着尊重家长的必要

向善向上，成人成才，是我们对下一代的共同期许，这是一个漫长而艰辛的工程，需要家庭、学校社会等多元素多维度的有效参与。这也就要求家长必须加入学校教育的过程中来，作为教育主体不可或缺的一部分，在尊重基础之上及时有效的与家长联合教育是必要环节。此外，家长由于所受教育背景的差异、教育专业知识的所限，况且，从心理上天然处于弱势一方，未必都能够理解并配合学校的教育管理，只有基于尊重的前提，获得信任，予以弥合，寻求合力，才可以实现共同目标。

（三）因材施教的差异性决定着尊重家长的必要

多元智能理论告诉我们每一个孩子都是一个"精灵"，都是一个成功的胚胎，成功的教育在于发现并发挥出孩子身上的优点与优势，顺天之性因势利导。每一个结果的产生一定有相应的原因，每个成长中的孩子也都有着不同的特性及成因，我们要做的是知其然更要知其所以然，为"每一个"孩子定制更周全的教育方案。这份定制当然不是学校的一厢情愿，不是家庭的盲目设定，而是双向的基于尊重的充分、平等、有效交流。

四、家校沟通的途径与措施

"心底处尊重家长"作为我们学校文化的重要内涵之一，作为对一种价值观念的认同与坚守，关键是落实到操作层面，即一系列行为准则及其规章制度、行为方式、物质设施的建立健全，以期家校之间多渠道常态化的有效沟通。比如，组织家长开放周、邀请家长参与监考、每月致家长一封信以及编辑家长手册，指导家长做一位智慧型的家长，让家长在过程中切实感到被尊重，进而切实形成以尊重文化为基础的家校多渠道有效沟通交流体系。

（一）开放校园增互信

每一次开放校园，都是一次增进家校互信的机会，让家长走进课堂、亲近老师，了解我们的教学，感受我们的努力，倾听孩子的心声，表达自己的愿望，接受一次再教育，让双方的初心更趋同更凝聚。学校也借此机会更真实地了解家长，发现孩子身后的环境背景，更真诚地表达我们的尊重，更切实地发现我们工作中疏漏，弥合分歧，谋求共振，不再是隔空喊话各唱各调。

(二)亲临考场显双效

我们的家长现实中只是看重孩子的成绩结果，对于成绩怎样来的过程并不是很了解，这就会造成在教育孩子过程中的“片面性”和“沟通难”。家长参与监考，一方面能近距离体会学生考试过程中的紧张氛围、心理情感的变化以及临场发挥的实时状态，进而更容易产生同理心，真正达到换位思考，与孩子互相理解和有效交流，陪伴其成长。另一方面，家长参与监考也是对学校工作的一种监督和他律，这是学校不断发展的必要环节、精细化管理过程的必然要求。

(三)一封家书传真情

每月一封的皖智家书主要有近期学校工作回顾与总结、下一阶段我校各部门工作安排、学生每月学习生活的总结与下一阶段的计划、班主任月总结以及家长的话和对学校的建议等几个部分组成。以反思、总结、计划为抓手，简明扼要地跟每个孩子的家长定期汇报学校阶段性工作和学生在校学习生活状态。在此基础之上，家长可以以书面的形式常态化的反馈、交流近期意见和建议。返校后，学校专门安排相关人员整理、收集，以会议的形式集中讨论交流，合理采纳，完善相关工作。

(四)家长手册惠万家

我们编制的家长手册《智慧家长》是具有皖智特色的特别奉献，以尊重家长为基础，以教育案例为载体，以教育理论为支撑，启发每个孩子的父母做一个智慧型家长，孩子不同的成长时期的沟通、指导方法不同，在家长手册里可以不断汲取他人的教育理念与方法，择优而用，切实提升家庭教育的质量。这也是我们把教育的源头向家长上溯这一理念的具体落实。学校、学生、家长,共同学习,共同提高。

结　语

当今教育发展形势之下,形成一套家校互动的有效机制以充分发挥二者的合力,共同教育好每一个孩子,托起我们每个家庭美好的希望已是必然。自建校以来,我们一直努力探索全封闭式寄宿制学校的教育教学工作与基于尊重的家校间有效沟通、形成教育合力的契合方式。通过几年的摸索与实践,吸纳家长的合理建议,不断调整和完善,形成了有一定特色的模式,也取得了一定的成效。

办一所好学校,践行尊重文化,完善家校沟通,寻求爱的合力,成就每一个孩子,造福每一个家庭,回报每一份期待,是我们立校的初心,也是我们的不懈追求。我们会一直努力。

本文作者岳遵元系《中华优秀传统文化教育的实践研究》(课题编号 HJG18027)课题组成员,本文发表于《安徽教育科研》2018 年第 12 期

织密细节网络，完善德育管理

“细节”一词，指细小的环节或情节。管理最需要细节，细节决定事业成败。“学校无小事，事事有教育；教师无小事，处处是楷模；管理无空白，时时能育人。”细节成为学校教育质量和教育服务水平的有力表现形式。学校管理只有细致入微地审视自己的管理过程或教育服务，注意细节、精益求精，才能让学校管理或教育服务日臻完美，在竞争中取胜。细节决定成败，我们必须把学校点点滴滴的小事做得有板有眼，有规有矩，有模有样，方能成就教育事业。

精细化管理是我们追求完美、提高质量的重要策略，是提升学校整体执行力、促进可持续发展的有效途径。实施精细化管理要从小事入手，对每个细节都要精益求精，努力做到事事有人管，处处有人管，事事有人查，时时有计划，事事有总结，杜绝管理上的漏洞，消除管理上的盲点，提高学校管理效能。

一、德育常规提前制定，强抓落实注重细节

班主任每日三到，学生每日三省，学校对每日纪律有严格要求，精准到人，追踪督促，并要求班主任将学生问题解决在萌芽状态，不将问题留到明天，实行日日清，积极主动、及时准确处理问题。严明的纪律是塑造一所好学校、一个好班级的保证。学校实行严格管理，制定学生管理制度以及学生管理“十大高压线”，对学生的学习、生活习惯予以严格规范，同时每个班级也根据班级实际情况制定班规，使班主任

的管理工作更加细化，充分贯彻学校制度，使管理科学化、规范化。

开学初，每个班级都在学校制度体系的基础上制定班规，从纪律、卫生和学习等方面对学生的日常行为进行规范管理，要求所有学生都必须遵照执行。根据学校每日问题汇总的总结，再结合班级违纪情况，值日班干部记录量化呈现，精准到人，日日提醒、每周总结，并把结果在班会上公布，作为学生平时表现成绩，为学生评优作依据。

学校及班级管理细则对学生的早操、早读、课间操、卫生打扫、午休、仪容仪表、上课听讲、考试纪律甚至乱吃零食等情况都有明确的规定，而且要求行政人员不时对学习情况以及宿舍、班级卫生情况作突击检查，同时鼓励班主任每周至少在晚自习后到访寝室4次，力求更多地掌握学生一手材料，以便深入了解学生的学习和生活状况，引导帮助他们养成好习惯。

卫生是学校及班级的窗口之一，我们关注卫生细节可以提高全体学生的卫生意识，进而转化为学生的集体意识，甚至可以影响到学生对学习和未来工作的态度，帮助他们养成认真细致的好习惯。班级的地面保持干净整洁的状态，是需要用学生良好的文明行为作保证的；而学生文明行为的培养，是需要用班主任老师不断的引导、督促、矫正作保证的。因此，班主任老师见到班级的地面上有果皮纸屑，要时时提醒学生们捡起来，扔到垃圾箱里；清洁区、走廊卫生每日打扫彻底，走廊栏杆也不留死角；清洁工具整齐有序摆放，等等。

经过长时间的强化训练，学生的不良行为习惯能得到矫正，教室在绿植的映衬下变得更美了。尽管这是微不足道的小细节，但彰显了整个学校、整个班级学生的文明行为，表明了学生的自我约束能力，表明了班主任工作的精细而有效。

二、学习常规常抓不懈，细节管理促进成长

一所学校以及班级不管纪律多么的严明，卫生多么的整洁，都是在为学生的学习服务。因此，学生的学习常规管理才是班主任管理工作的重中之重。

我们从学生的课堂听课状态和课堂限时作业及课后作业入手加强管理。课堂上，我们要求学生认真听讲并做好笔记，班主任随时和各科老师沟通了解学生的课堂动向，及时作出处理；作业上，我们以作业考试化的形式，一课一练，限时完成，要求老师及时批改，统计成绩并对学生成绩作出点评。对不认真完成限时作业及假期作业的学生，按学校学生管理制度体系进行量化记录并进行思想教育，屡教不改者，班主任会和家长及学校德育处沟通，严肃处理。我们相信，严师出高徒，只有严格的管理，才能改正学生在学习中存在的不良习惯，帮助他们养成良好的学习习惯。

我们班主任主要通过家长会、建立家长微信群及电话联系等形式与家长进行面对面交流或信息交流，协调学校与家长，学生与老师，学生与家长和学生与学生之间的关系并处理相关问题。学校工作的传达，学生作业的布置，家长、学生与老师之间关于学生学习及其他问题的交流以及孩子在学校的动态、一个个美好的瞬间、欢乐的笑容等，都是通过这些方式来进行分享的，起到了很好的桥梁纽带作用。

精细化管理要求我们教师做到言传身教，用细节去感染学生。一个教师的人格和灵魂更多的是表现在平时的一言一行中，表现在与学生相处的一点一滴中，这些细节可以“润物细无声”，慢慢影响学生。班主任作为一班之主，更是要以身作则，把工作做细、做实、做好，给学生起到模范带头作用。这样学生才能信你，服你，才能听从你的指挥。

在日常教育教学中我们不放过任何细节：每日晨跑，不管寒来暑往，学生5:55集合完毕，我们的班主任也会准时出现在那里。班主任总是习惯地在教室里走一圈，看到地面有垃圾，就随手捡起来，放进垃圾桶里；教室的黑板或操作台没擦，自己随手擦干净；在黑板上板书的时候，有时粉笔写断了，写断的半截粉笔掉到地上，立刻把它捡起来放到粉笔盒里。要求学生讲文明礼仪的时候，我们自己要做到以微笑和宽容面对每一个学生。那些看似微小的细节，久而久之会给学生产生很大的影响。同时班主任们通过班主任会议以及班主任论坛进行经验交流分享，阅读班主任专题书籍、撰写德育案例来提升自我。

学生去办公室请教老师问题有助于解决自己学习上的困惑，同时课间交谈也是教师了解学生和学生沟通的最佳时机，教师在了解了学生的想法、心理特征后对学生的教育就有了针对性。教师关爱学生不仅仅体现在语言上，更体现在无数个细节之中。季节更替、寒暖变化，给学生一个善意的提醒，用爱心与行动去影响学生，让学生体会大家庭的温暖。

三、行政管理注重服务，精细执着彰显品质

卓越的行政队伍，全力保障学生学习。寄宿制学校，学生平时住在学校，偶尔头疼脑热，父母不免有些担心。但是我们有一群执行效率高效的行政团队，他们每日值班至凌晨1:00，还有各楼层生活老师的全程陪伴，他们总是在最关键的时候挺身而出，为我们的学生保驾护航。深夜送医有他们的可爱的身影；就餐路上制止学生奔跑，提醒学生注意安全有他们坚毅的雄姿；除冰铲雪保平安，第一时间铺防滑垫有他们忙碌的背影……正是有了他们，才给我们的学生安心学习、教师们静心教学提供了强有力的保障。

学校管理，细节散落在学校生活的方方面面，一个不经意的细节，往往能够反映出一个人深层次的修养；一个学校的管理细节，往往反映的是这个学校的管理水平。务实作风的养成需要我们从小事做起，良好班风校风的形成来自于一点一滴的积累。在学校里，细节是教师学生的种种需要的体现，是适合学校发展需要的有效资源。细节是学校管理的元素，让我们学会发现细节，学会珍视细节，学会注重细节，视细节为管理的生命。

本文系合肥皖智中学分管德育副校长程玉平在2018—2019学年学校德育工作总结会议上的发言稿

郭祖彬的梦——办一所受人尊重的学校

教师出身的郭祖彬如今已是皖智教育集团的老总，从当初的离开体制创办皖智，到如今的风生水起，短短几年间把学校办成一方知名品牌，熟知皖智的人都知道这个成功绝非偶然，而是因为郭祖彬这个“领头雁”的文化带动。

郭祖彬大学读的是中文专业，他不仅勤于深度思考，还善于总结提炼，这一点在他的办学过程中，起到了很重要的作用。早在办学初期，郭祖彬就认识到要想把学校办好，必须有高定位，必须把教师放在第一位，因为学校成果的创造和取得一定要依靠教师。郭祖彬提炼出学校的校风为“尊重、安静、开放”，而他将“尊重”视为校园文化的核心，并将“办一所受人尊重的学校”视为办学愿景。郭祖彬对“尊重”二字也有着自己独到的理解，他认为，对于学校而言，“尊重”有三层涵义，即“骨子里尊重老师”“心底处尊重家长”“灵魂上尊重学生”，能做到这三点，也就能“受人尊重”了。

当然，在皖智，尊重文化并非只是口号，而是体现在一切行动中。

一、骨子里尊重教师

郭祖彬认为对教师的尊重并不是对他点头微笑，把他视为座上宾客，而是要在教师群体中创造公正公平的评价体系，关注其专业化的发展成长，关注其薪资体系的发展变化，关注其学习与生活，关注其身心健康。

教师的专业发展有多条路径，对于民办学校教师，考编制考公务员等是很多年轻老师内心的“升迁逻辑”，而由此带来的人才流失也困扰着学校管理者们，很多民办学校老板对此“疯狂打压”，但在皖智，郭祖彬的做法是正面引导，他曾多次在教师会上为年轻老师分析形势，指导其发展。

在皖智中学创办初期，有两位年轻老师在勤奋工作三年后通过考试分别被省内知名中学录用，郭祖彬毫不避讳地多次举此例子，他认为民办学校教师有流动是符合规律的事情，且这两位教师对当时的规模不大的皖智而言，是正常的流动，是向上的发展。办学者和学校管理者应正确认识此事，年轻老师向上发展是他自身的努力，也是得力于学校的培养，同时应更加完善学校的人才发展机制。

很多民办学校在发展之初，很多做法都是难以与公办学校匹配的，但在皖智中学，郭祖彬得益于自己早年在公办体制内的工作认知和经验，从一开始便对教师评职称、定等级等作出规划，让教师的专业发展不受影响。

田庆涛是皖智中学的第一批教师，其工作几年更换过多个民办学校，可谓“行走江湖多年”，初到皖智也让同事感觉其行为似乎有些“桀骜”，但郭祖彬眼中看出了他的业务能力，多次直接或间接地找田老师沟通，深入了解其在教学上的见解和个人发展的规划。郭祖彬认为尊重教师就应该看其长处，在一定的框架内应该“不拘一格降人才”。如今，田庆涛已是皖智中学数学学科组备课组长，也是学校首批两名“首席教师”之一，且不说工资待遇陡增，这定位与头衔就是就是一份荣誉，是对他专业发展的最大肯定与激励。

不仅如此，郭祖彬要求总部办公室每学年要分别组织各个校区不同群体人员外出学习或休假，有班主任论坛，有教研组长外出考察，有行政管理人员的学习会，有全体教师的旅游等，几乎每一个群体都能有自我发展的机会，这就是一种尊重。

在教师的成长方面，郭祖彬的另一做法是"教而优则仕"。皖智教育从最初的一个偏僻小校园到如今的五个事业部，每一块的发展必然需要很多人才，人才从何处来？郭祖彬的逻辑是从一线选拔，从民间产生。这一做法让很多优秀的年轻老师充满了干劲，对未来的发展充满期待。

来自砀山的生物老师焦燕峰曾是一名普通老师，和很多理科男类似，生活中寡言少语，工作默默无闻，但班级管理和学科教学却明显比其他班级做得扎实，第一年带平行班高考成绩遥遥领先，第二年带重点班创出新辉煌，第三年即被调往另一校区担任教务主任，现已成为皖智中学副校长。

皖智各个校区沿着这一成长轨迹成长为中层管理干部的教师不在少数。当然，尊重教师不仅是体现在教师的专业成长和事业发展上。对于更多的普通老师而言，郭祖彬为他们做的是工作和生活上的关注与帮助。

很多教职工有了家庭后都面临着孩子的问题，尤其是女教师。郭祖彬在学校出台规定，女教师每周除了固定的休息日外，还可以在不影响工作的情况下，另给一个半天自由时间用于处理家庭生活事务；女教师在怀孕和哺乳期间，也享受免签到的优惠……很多外地教师面临的孩子的上学问题，爱人的工作问题等等，只要是向郭祖彬提的，他总是尽自己的努力去帮忙协调。

每一年春季，郭祖彬会安排工会组织教职工参加体检，让大家了解自己的身体健康状况，安心工作和生活。

皖智的各个校区虽然都不大，但却都单设了教师餐厅。郭祖彬为了把教师餐厅办好，每到一所兄弟学校考察总是把食堂作为一个必去之处，并详细问询，回校后向食堂管理者传达；有时带着食堂管理人员到不同类型不同风格的学校专程学习食堂运营。他甚至把教师餐厅饭菜质量提升到新高度，要求教师餐厅要按照星级酒店自助餐的标准去努力，要让教师爱上学校食堂，每一餐都想去食堂吃，温暖教师的心，首先要温暖教师的胃。尽管有的校区囿于当前硬件条件尚不能实现高标准，但郭祖彬从不降低标准或放松要求。他说："在食堂，尊重就要从一粥一饭开始，要用每一个细节上的服务去呈现；办食堂就是办教育，饭菜的质量就是一个学校的质量。"仔细品味，这句话不无道理。

在皖智，还有一个不成文的规定，那就是领导干部每学期至少要请所负责的学科组老师吃一顿饭。在皖智抑或在绝大多数民办学校老师们都是非常忙碌和辛苦的，领导的一顿饭往往就能起到四两拨千斤的功效，让大家从繁忙中抽身，开怀畅饮。

在皖智中学，每一位入职老师都会被录入出生年月日，而到临近其生日时，办公室人员会送给他一张生日蛋糕卡，QQ群或微信群里都是同事发来的生日祝福，学科组或办公室同事为其庆贺……当有老师在朋友圈晒出这些美丽心情时赢得一片赞美，他的心也早已被感动塞满，相信在工作中也能带着感动再出发。

在小事上不忽视，于细微处见精神。有时也许正是一件小小的暖心之举，真正让皖智的老师们感受到了被尊重。

2018年暑期的期末全体教师会上，郭祖彬掷地有声地说："要让皖智的老师工资待遇在同等情况下成为合肥市民办学校的佼佼者，要让新教师在入职皖智三年后年纯收入10万以上，让骨干教师、首席教师年收入达15～30万。"老师们知道，郭校长说过的话一定会兑现，而不是在画饼。

每一年的教师节，郭祖彬会安排办公室为每一位教师和行政管理人员购买一本业务相关的书籍，以此来带动他们注重阅读，注重个人的提升。2018年教师节到来前，郭祖彬早已想好今年教师节给大家发的大礼——为每位教师量身定制一套高档西装。郭祖彬对经办人员特别叮嘱，教师服装一定要选好面料、细节要处理好，要让老师们拿到后想穿，爱穿，珍视；一定要把好事办好！

郭祖彬在尊重教师方面所做的工作是发自内心和不遗余力的，因为他本人就是教师出身，他最清楚一线教师最关心和需要的是什么。

二、心底处尊重家长

对于郭祖彬来说，"尊重"文化在办学过程中的践行，不仅体现在对教师的尊重上，也体现在对家长的尊重上。

郭祖彬认为一所学校如果想办得让社会认可，首先要得到家长群体的认可。在办学过程中，郭祖彬十分注重学校与家长常态有效的沟通机制的建立。家校群、家长委员会、家长开放周、家长参与监考等措施在皖智中学都被落实到实处。

郭祖彬要求宣传部门在学校的网站和微信平台不仅要发布学校的相关宣传，更要多转载优秀的家庭教育类的文章，让更多的家长爱上学习，多了解教育问题。不仅如此，郭祖彬还亲自指导编写由皖智中学出版的《智慧家长》一书，在开学季，免费向家长发放。书中几乎全是家长们在教育高中阶段孩子时最常遇到的问题，学校此举受到家长们的一致好评。

郭祖彬时常给管理层和教师们开会时说道,做教育就是做良心活,我们也都是有孩子的人,在工作过程中也要经常换位思考,从家长的角度看问题,要从内心里理解家长对学校对老师的期望和要求;甚至要求工作人员发通知、发宣传稿时都要考虑到家长的接受能力和群体特点。这正是他"从心底处尊重家长"的体现。

三、灵魂上尊重学生

郭祖彬认为,很多学校习惯于把"三个一切"作为巨型标语置于校园醒目处,不免有些形式主义之嫌。在皖智中学校园最中心的位置有一面文化墙,上面赫然刻着三个由郭祖彬提炼总结的标语:自信教育、高效课堂、严格管理。

在郭祖彬看来,自信是高中学生乃至一个人成长过程最需具备的特质,所以他将皖智中学的校训定位为:自信、拼搏、友爱;他认为一个人无自信不足以立根本,无拼搏不足以图未来,无友爱不足以促发展,应把自信教育视为学生一切德育活动的宗旨。在这一思想指导下,皖智中学举办了多项德育活动,尤其值得称赞的是每年春季组织全体高一新生"环巢湖远足毅行",让学生不仅锻炼了体质,挖掘了潜能,而且更找到了自信。

围绕着"尊重"的精神,融合传统文化建设,郭祖彬在皖智中学大力推行"自信"德育,不仅在思想品德方面注重对学生的塑造,"在教学方面的重视和对学生学习的促进,行为的约束是对学生真正的尊重",郭祖彬如是说。

尽管皖智中学创立时间不长,但其学生取得的成绩却不容小觑,这得益于郭祖彬在教学模式上探索与定位,在管理模式上的对"严格"

二字的坚守，这更折射出他对学生的负责，对学生的尊重。

郭祖彬经常说，对学生的重视就是要对学生人格的尊重，对他们品德的塑造培养，对他们行为举止的严格且科学合理的约束，对他们学业发展的有效促进。

一个好校长就是一所好学校。

作为一位办学者和校长，郭祖彬正是凭着对办学之路的独特认知，对“尊重”文化的独到理解，在办学过程始终坚持，不忘初心，践行着“尊重”文化。

当一所学校教师受尊重，家长受尊重，学生受尊重，那么，这所学校也一定是受人尊重的学校。

这正是郭祖彬的办学逻辑，也是他的梦。

本文系《安徽青年报》于 2018 年 9 月 8 日对合肥皖智中学校长郭祖彬做的专访报道

皖智印象

初到皖智，感觉有六个字让我印象深刻，挥之不去。那就是：尊重、严谨、高效。

一、尊重

尊重，呈现在每一个细节里。在皖智的校园里，尊重和被尊重已经成为常态，各个层面的领导从不把自己放在高高在上的位置，他们谦逊地对待每一位老师，真诚地尊重每一位员工。

当我看见打扫办公室的保洁阿姨每天早餐前都很认真地擦拭办公桌时，我总从心底里十分感动，她看着我感激的目光，粲然一笑，回应说："老师，您不用客气，在皖智做保洁工作，我们能和所有的老师、领导在一起用餐，没有丝毫被歧视的感觉，让我们体验到主人翁的滋味，所以我们工作特别开心！"

有一次在食堂吃饭时，我看见一位美女老师在窗口和一位食堂师傅说："大厨师傅，天气热了，我们口渴，明天的'汤'里能不能不加淀粉啊？"师傅微笑着点点头。第二天以后，我就发现每次用餐的"汤"就变成了没有淀粉的清凉解渴汤了。

的确，在皖智的校园里，就像食堂里的一块展示牌上写的一样：尊重，从一粥一饭开始；尊重，用每一个细节呈现；尊重，在你和我的微笑之间。

一个有人格尊严的人，必定懂得尊重一切有尊严的人格。屠格涅夫说过:(尊重)"作为一种力求完善的动力,是一切伟大事业的渊源。"皖智能够如此快速成长壮大,成就如此教育伟业,与管理者着力打造并践行"骨子里尊重老师、心底处尊重家长、灵魂上尊重学生"的"尊重"文化不无关系。

二、严谨

德国人的格言是:严谨慎重,智慧之母。马云也说过:(必须)用严格的制度保证事业以高效严谨的模式运行。皖智人是严谨的。从步入大门的第一秒就开始了。进入学校大门,左侧墙上醒目地写着:怕苦累莫入此门,图轻松另寻他处。

在皖智,班主任老师随着早上5:45的早读铃声进入课堂,一天严谨的工作就伴随着学生朗朗的读书声开始了:他们要了解每一位同学的身体状态和学习状况并及时向学校领导反馈;他们要和班级的科任老师沟通和交流帮助学生进步的方法和对策;他们要积极参加每次的教研活动;他们要准备自己的课堂教学、批改学生每天的作业………老师们辛苦而且严谨的一天往往在学生就寝后才能愉快地结束。

在皖智,分年级分学科的学科教研,每天上午第三节课分别在两栋教学楼六楼的小教研室开展得井井有条。每位学科组长各司其职,他们常常提前准备为年轻的老师们做好研学的预案,现场指导也极其认真。

最近,我多次参加物理组的学科教研,各位学科组长老师每次都能提前做好充分准备,他从课堂教学的设计到课后限时练的打磨、从教学难点的突破到学困生的辅导,无不作出周密、细致的安排和指导。同时,学科组长每周还会安排两节公开示范课让同组的老师深入课堂学习。在他们的耐心指导和帮助下,从大学校园直接走进皖智中学的年轻老师三年就能快速成长起来，驾驭高三课堂得心应手。

在皖智中学，严谨的教研远不只是学科组活动，还有每周二下午的三、四两节课的大教研组活动，宛如一道道学科大餐，所有学科的全体教师均按时参加各组的活动，积极研讨。我所在的物理教研组，组长每次都会提前做好精心安排和布置，无论是观课、评课、还是讨论某个议题，他会提醒老师提前做好安排，每次活动他都谦虚地跟老师们商讨，征求大家的意见并反复研究和交流，在组长的带动下，每位同事在评课时都能积极畅所欲言，在严谨的交流和反思中共同提高。

当然，老师的天职是搞好教学，但不仅局限于课堂教学，还要努力做学生满意、家长喜欢的好教师。好教师应是一个精神富裕、专业化程度高的人。好教师能以轻松的教学方式，让学生得到最有分量的收获，好教师能从最接近学生的现状，带领学生走到自己力所能及的远景。不难想象，年轻的教师在皖智这样严谨的教研氛围中，想不成长为好老师都很难!

学生的严谨学风表现在他们的每一个行为举止上。学生站立式的早读已经成为习惯;“三学思环节”的课堂教学模式直接指向学生自主学习能力的提升，课堂上学生能按照老师的助学方案严谨地“思”、认真地“议”、主动地“展”;教师的恰当点评总能使学生的思维能力进一步提升。课后学生排队去食堂就餐总是这么井然有序。

在皖智这个严谨的校园里，学生的身体、学业和心理上的成长从一个高三学生的临别随记里就可略知一二:

“犹记那年六月，步入蝉夏，随着中考成绩的揭晓，我的心情跌入谷底，坠入深渊。我迷茫，甚至绝望，本以为前途无望，晦暗无光，不曾想‘不上一六八，就上皖智中学’的口号，让我在迷茫中重新找到方向，它仿佛是黑暗中的灯塔，又似寒冬里的暖阳。在皖智的班级里，学习氛围极其和谐，班级特别温馨，‘班级 PK 赛’‘导师领养计划’‘学霸养成卡片’等一系列举措，培养了我‘求学好问’‘求真务实’的品质。皖智，一个学习者的人间天堂。”

大文豪斯梯尔说：谨慎人才能稳操胜券。正是这种“慎终如始”的严谨精神，才确保了皖智的战无不胜。

三、高效

萧伯纳说：“世界上只有两种物质：高效率和低效率；世界上只有两种人：高效率的人和低效率的人。”快节奏，高效率是现代社会的特点。在皖智，高效率，渗透于整个校园，无处不见，无处不在。在皖智工作的人都会惊叹她神奇的高效率：高效的管理、高效的课堂、高效的皖智人。

在皖智中学，一种直接指向学生自主学习能力培养的“三学思环节”高效课堂教学模式，能在很短时间内在所有班级的课堂推行到位，对于普通学校这是很难想象的事情——这正是皖智高效的管理模式的体现。高效的“三学思环节”课堂，鼓励学生积极主动地参与小组讨论、大胆展示自己看法，勇于质疑别人观点，这样的教学方式能够潜移默化地培养学生的善于思辨的能力，锐意进取的勇气，挑战困难的气魄，塑造自我的信心。这一教学方式的改变，不仅会大大促进学习成绩的提高，而且对于学生将来走向社会、成就一番事业会产生极大的助推力，这是高效课堂为学生终生发展奠定的基础。

高效的皖智人，从点滴细微处均可见他们超强的执行力。在平时的教学过程中，老师们准备的课堂限时练试卷，只要 PPT 发送到文印老师的 QQ 里，她们会及时按要求印制上架；老师们平时教学研究需要订阅的期刊，你只需发送目录到学校综合办章老师处，她会第一时间联系订阅，并且随时将到位的期刊送达订阅人；老师们如有需要查阅的相关资料和试卷，微信联系教务处周老师，无论是否上班时间，他都会第一时间回复并帮助处理。每个月放月假的当天早上，学生在下楼上课前，都会自觉将自己的行李带下来，快速而有序地放在操场，便于中午下课时安全取件回家；学生这些严谨而高效的办事风格和习惯，源自高效皖智人的管理和引导。

我们深知，教育是事业，其意义在于奉献；教育是科学，其价值在于求真；教育是艺术，其生命在于创新。我们更懂得，教师是一个岗位，也是一种职业；教师是一种素养，也是一种能力；教师是一种态度，也是一种情怀。可以想象，皖智教育正以小我的姿态，大我的情怀，在合肥办一所为市民钟爱的教育，皖智集团，正在干一件极其伟大的、功德千秋的事业。

此文作者系合肥皖智中学物理特级教师胡爱兰的随笔

其实我不懂你的心

尊敬的各位家长朋友、尊敬的各位老师、亲爱的同学们：

下午好！

刚才我们一起欣赏了感人的《当你老了》和《萱草花》两首歌曲，一起分享了激动人心的"皖智故事"，一起见证了同学们18岁冠礼仪式。今天，4月18号，距离同学们高考还有50天，在这个特殊时刻，我们举行18岁成人礼仪式，大家拜谢父母，感恩老师，接受《宪法》，我很是感动，我倍感激动，我深受触动。作为家庭、学校、国家中的"我"，扪心自问：在你们18岁之前做了什么？怎么做的？做得好吗？我的18岁时代，《其实你不懂我的心》这首歌曲风靡校园，今天我想对你们说：其实我不懂你的心。

孩子，其实我不懂你的心！十月怀胎，牙牙学语，十年寒窗。我一曲一曲胎外说教，一句一句教你说话，一页一页帮你提高成绩；你的第一次踢腿，你的第一句话，你学会写的第一个字，我都记录在心底处，我都摄录在脑海里，我都刻录在灵魂上。我投入全身，牵挂全心，倾注全情，谁说我不在意你的情绪？谁说我不关心你的变化？谁说我不懂你的心！可是，当你由欢喜转到怀疑时，我觉得好玩儿；当你由怀疑转到忧愁时，我认为没必要；当你由忧愁转到反抗时，我感到惊异！这时，我才琢磨，这时我才深思，这时我才改变。原来我是按照我的理想在推动你，原来我是为了弥补我的遗憾在要求你，原来我是为了自己的面子在强迫你。其实，你有你的理想，并不低矮，其实我的遗憾可能会催生你的遗憾，其实你在为我的面子而牺牲自己。

同学们，其实我不懂你的心！还记得我们的第一次见面吗？那时我给你们带去了豪言壮语；还记得我给你们第一次上课吗？那时我给你们作出了远大前程的描绘；还记得我给你们开的第一次班会吗？那时我给你们明确了红线和底线。为了学科目标，我给你们印制了一张又一张试卷；为了班级纪律，我给你们立下了一条又一条铁规；为了学校的声誉，我给你们开出了一个又一个“罚单”。学科目标的背后，是老师之间的竞争；班级纪律的背后，是班主任之间的比拼；学校声誉的背后，是学校之间的PK。今天，我在追问，有多少目标切合了你们的实际？今天，我在反思，有多少纪律压抑了你们的激情？今天，我在复盘，有多少声誉掺合了你们的表演？

青年们，其实我不懂你的心。如果我早一点要求“五育并举”，那么你们的校园生活会更加丰富多彩；如果我早一点颁布“中小学生教育惩戒办法”，那么你们就不会面临很多不合理的校纪班规；如果我早一点出台“作业、睡眠、手机、读物、体质”五项管理规定，那么你们的中学时代就会更加健康快乐。

其实我不懂你的心，你却能够一边忍受一边前行；其实我不懂你的心，你却可以灵活应对、拼搏奋斗；其实我不懂你的心，你却激情豪迈、无限热爱。

今天你已更加认识自己，为自己的高考而拼；今天你已更加了解自己，为自己的理想而战；今天你已更加掌握自己，为自己的祖国而傲。

孩子们，同学们，青年们，今天我懂了！过去已去，我们相互成就，一起成长；现在正在，我们相互理解，一起冲刺；未来，我们相互欣赏，一起展望！

本文节选自校长郭祖彬在合肥皖智中学2018级学子十八岁成人礼上的讲话稿